ANABEL OCHOA

Juegos en pareja

punto de lectura

JUEGOS EN PAREJA
D.R. © 2003 Anabel Ochoa

 punto de lectura

De esta edición:

D.R. © Santillana Ediciones Generales, SA de CV
Av. Río Mixcoac 274, colonia Acacias
CP 03240, México, D.F.
Teléfono: 54-20-75-30
www.puntodelectura.com/mx

Primera edición en Punto de Lectura (formato MAXI): octubre de 2011

ISBN: 978-607-11-1431-0

Diseño de cubierta: Diego Medrano

Impreso en México

 **PRISA** EDICIONES

*A mi compañero de juegos, día y noche, noche y día,
al que me permite eternamente ser niña con el cuerpo
y creer en los Santos Reyes. A Josu.*

Índice

8

Decir lo que nunca decimos

Prólogo

Josu Iturbe

Publicar un libro sobre "juegos sexuales" tal vez no resulte una novedad en el prolijo mundo de la oferta editorial. Pero lo que distingue estos "juegos" de otros volúmenes con intenciones o temáticas similares es que, como los llamados diccionarios de autor tan de moda en estos tiempos, se trata de una propuesta muy de autor, de autora en este caso, muy de Anabel Ochoa, sólida escritora, comunicadora y especialista reconocida en estas cuestiones del sexo. Nada más esto sería suficiente para cualquiera de los numerosos seguidores de sus libros, programas radiofónicos, participaciones televisivas o actuaciones teatrales. Para los profanos diremos que el estilo característico de Anabel Ochoa es, sobre todo, sin pelos en la lengua, di-

11

recto y emocional, informado pero entendible, muy fuerte pero jamás insultante. Una vez que se la ha oído, visto o leído, no es fácil de olvidar, en eso todos están de acuerdo. Posee un "saber hacer" ampliamente reconocible y notablemente efectivo para transmitir un mensaje claro y simple: la sexualidad existe. No sólo no tiene nada de malo hablar de eso, del sexo, sino que hay que hacerlo; la condición de tabú —parte de la cual aún arrastramos— mantuvo un silencio excesivo sobre una cuestión demasiado importante con infinitas ramificaciones en otras áreas de la vida, coadyuvando —como se dice ahora— a la multiplicación de problemas por todos conocidos: de la anorgasmia femenina a la sobrepoblación, del embarazo adolescente a la transmisión de enfermedades, del abuso infantil a la impotencia, de la homofobia a la violación, y un morboso y largo etcétera.

Este manual surge como reclamo sobre todo de las parejas que no están dispuestas a que el tedio anide en su hogar, parejas conscientes de que el transcurrir del tiempo y el compartir la vida con todo lo que tiene de cotidiano, de prosaico, incluso de escatológico, nunca va a favor de la pasión inicial. Mantener el hormigueo de la excitación pura y las famosas "mariposas en el estómago" es una vocación que requiere de mucha aplicación, de mucha voluntad, pero sobre todo de voluntad lúdica, de muchas ganas de jugar, de abandonarse al placer del mutuo acuerdo. Aquí la palabra "juego" tiene más el sentido de acción, de movimiento, de funcionamiento que de distracción, divertimiento o pasatiempo.

La intención es recuperar esa capacidad lúdica inagotable de la infancia, el arte de imaginar y dejarse llevar, eso que nos quitaron en cuanto crecimos, en cuanto tuvimos que ser realistas. El erotismo tiene mucho de ese volver a jugar amistosamente con tu cómplice, con tu mente.

Cuaderno de campo de los paisajes y la fauna erótica, los personajes, las fantasías, las técnicas, los juguetes, la parafernalia y el vestuario, las situaciones nuevas, la sorpresa y el descubrimiento de un yo sexual apenas atisbado por nuestro consciente siempre un tanto constreñido por una moral a menudo muy mal entendida, *Juegos en pareja* de Anabel Ochoa se puede leer de corrido para maravillarse de la diversidad, la inagotable mina de oro que es la sexualidad humana. Aprender del placer y también del amor, que no es lo mismo pero es igual, de la imprescindible autoestima, de la comunicación en pareja, de la prevención y la salud, de la calidad de vida tanto física como psíquica y emocional. Pero además de todo esto que permite una lectura convencional, este libro también se puede leer al azar, dejándose llevar por la sorpresa y el descubrimiento, como cuando se abre una Biblia en cualquier página y se lee un párrafo sobre el qué reflexionar o que da respuesta inmediata a una duda existencial previa, o como quien disfruta aprendiendo cada día una palabra nueva dejando que la casualidad elija en el diccionario. Así que se puede leer azarosamente, donde caiga, para evitar suspicacias y, en pareja, ir marcando los juegos que ya se han hecho, apurando el libro hasta el fondo, deseando que no se acabe no la última página sino el último juego, aunque luego, tal vez, se pueda volver a empezar.

Éste es un libro que las parejas estables disfrutarán al máximo, pero su utilidad e interés no se quedan ahí; los solteros y solteras, pica-flores del mundo, también obtendrán grandes satisfacciones, aclararán sus ideas y podrán acceder a una perspectiva más amplia, multiplicada no por la diversidad de las parejas posibles sino por la posibilidad real de inventar otros mundos dentro del mundo de la pareja.

Aquí no hay culpas ni malos entendidos, todo es de mutuo acuerdo y para beneficio de ambos miembros de la pareja permanente o casual. Por supuesto que sirve para todo tipo de parejas independientemente de la edad, las condiciones sociales o la orientación sexual; todos caben aquí. Se trata de divertirse a gusto, de fomentar la fantasía y la sensibilidad, nada que ver con pecados o enfermedades, todo lo contrario. Se trata de salud y bienestar. Si los científicos aseguran que cien orgasmos al año alargan un decenio la esperanza de vida, si el efecto terapéutico de la risa es ya incuestionable y, sobre todo, si la imaginación es la mejor maestra del ser humano, estos juegos deberán tener una utilidad asombrosa. Depende de ti.

Nota de la autora

En la consulta sexológica día tras día aparece una constante en las parejas establecidas: la rutina, el aburrimiento sexual, el sexo "pantuflero" como acabé por llamar a esos rapiditos de sábado en la noche acometidos sin ganas y de mala manera en los matrimonios. Todos parecen quejarse de que con el tiempo no hay erotismo. Y se lamentan de esto los mismos que antes fueron buenos amantes mientras robaban el sexo por prohibido, por recién descubierto, por pasión o por falta de espacio. Una vez licitados, comprometidos, una vez que poseen casa y cama parece que ya no tiene chiste. Aquí habría que señalar algo importante que en general desconocemos. En el enamoramiento el juego hormonal de la atracción es químico y automático desde el cerebro, las "mariposas en el estómago", la pasión automática. Por desconocimiento, por ese analfabetismo sexual que todos padecemos, llegamos a pensar que esto perdurará automáticamente por los siglos de los siglos. Y no es así, para nada. El enamoramiento inicial genera una pasión que asemeja una enfermedad, una especie de psicosis, una droga, una dependencia del otro. Pero esto no dura más allá de seis meses. Con el paso del tiempo el sexo puede ganar en calidad de conocimiento mutuo de los cuerpos, pero no desde luego en pasión automática e inmediata. Si hubiéramos sido educados en la cultura oriental, sabríamos que el tiempo da ganancia en la pareja, que puede otorgar calidad si se persiste en el sexo. Sin embargo no es así. Fuimos educados en la idiota cantidad, y sin duda padecemos las consecuencias.

Este libro de "juegos en pareja" tiene por misión simplemente recordar que el erotismo es un arte, un invento de lo humano. Que nuestra especie es la única dispuesta a hacer el amor 365 días al año y 24 horas al día, que no dependemos de la primavera ni de los ciclos reproductivos, que buscamos el placer como elemento de vida. Por ello la inventiva, la imaginación, el juego, son un acto casi obligado para disfrutar del erotismo. Si ya no somos instinto, si todo lo hemos modificado, ¿por qué seguimos esperando que las hormonas o las estaciones nos saquen del apuro?

Ser otro

La gemela

Motivación

Hay juegos eróticos que permiten la posibilidad de ser otro. No hay que tenerle miedo a esto, al contrario. Jugar a ser otra persona es divertido, liberador y crea ganancias afectivas. Encarnarlo, asumirlo, es precisamente zafarse del fantasma de un tercero que te arrebate a tu pareja. Ser otro sin miedo y "a tumba abierta", lo demás es lo de menos. Te diré que los hombres muchas veces son capaces de tener una fantasía acerca de las hermanas de su esposa, sean más interesantes o no; de alguna manera lo que intentan inconscientemente es ser el más deseado del clan, aquél con el que sueñan todas en la familia. Paralelamente, las mujeres albergan a veces fantasías inconscientes de compartir el esposo con su hermana por distintos motivos: por generosidad, por solidaridad, por venganza, para darle envidia o incluso por un sentimiento ancestral de compartir el hombre tal y como lo hacían algunas tribus antiguas. Da lo mismo, no analizaremos aquí el porqué sino las fantasías. Por ello este juego es idóneo para la mayoría de las parejas. Esta vez lo hemos desarrollado en femenino: la gemela, pero podría ser exactamente al revés y jugar al gemelo. De cualquier modo conviene que adviertas a tu hombre que esta noche vas a practicar un juego erótico, que se trata de una fantasía y nada más que te siga el rollo, sin mayores explicaciones. El resto es sorpresa.

Mecánica del juego

Se trata de hacerte pasar por otra, por tu hermana gemela, siendo tú misma. ¿No es fascinante? Pero sobre todo se trata de convencer a tu pareja esta noche de que eres otra para activar su afán conquistador y absorberlo antes de que se desate afuera. Más aún: te harás pasar por tu hermana gemela (y espero que no exista en verdad porque entonces no sirve este divertimento). Ha de ser irreal. Cuando él llegue a la casa tú lo esperarás convertida en tu hermana gemela, muy parecida en el fondo pero absolutamente diferente a la que él está acostumbrado. Es decir, no se trata de que te hagas cirugía, pero sí de que cambies tu estilo cotidiano: el peinado, la ropa, las ideas, el pudor, la forma de hablar, el modo de comportarte sobre todo. Al recibirlo le dirás muy seria que tú eres la gemela de su esposa, una hermana de la que nunca tuvo noticia. Que ella —tu hermana— tuvo que salir de viaje repentinamente para atender a la mamá que está enferma (por ejemplo), y te pidió que por favor ocupes su lugar y atiendas a su esposo en sus necesidades hogareñas, pero nada más, y que te dejó bien claro este aspecto. A partir de aquí tendrás que comportarte como tu gemela, muy diferente a como eres, tan extraña que de pronto no conoces tu propia casa y tratas de atenderlo: no sabes dónde está el baño, ni los interruptores de la luz, ni las puertas de los cuartos, ni sus gustos y costumbres, ni nada de la casa. A cambio le darás una buena conversación como fuereña tratando de averiguar quién es él, a qué se dedica, o también contándole de tus propias aventuras desconocidas que puedes inventar sin límites porque este hombre nada sabía hasta ahora de tu existencia. Para colmo él te atrae, pero te resistes a traicionar a tu gemela al mismo tiempo que lo seduces con la diferencia. Aquí está la clave en realidad, en la "diferencia" de lo que tú podrías ser siendo otra, y te tendrás que dar permiso para interpretarla y poner en marcha tu fantasía, de ti depende. Si fueras otra, ¿qué harías? Ahora eres otra y puedes hacerlo. No hay límite. Por supuesto le dirás a tu "cuñado" que es hora de dormir y que cada uno vaya a su cama. Pero él no se resistirá al encanto y tratará de seducirte a como dé lugar. Podrás alegar —y debes— la traición a tu "hermana", el compromiso, el engaño, la infidelidad, lo que tú quieras para tratar de convencer inútilmente a un hombre que ya está seducido en tus manos. ¡Ojo! Durante el juego nunca admitas que todo es un engaño. Deberás de sostener tu rol hasta el final, hasta la cama me refiero, y hacerlo con la convicción de engañar hasta que ambos se lo crean por un rato. Te prometo una noche fascinante. Pero te hago sólo una advertencia, amiga: no se te ocurra tener celos de tu hermana que no existe y que tú misma has creado. Eres tú al fin, sólo que hasta ahora no te habías dado la oportunidad. En la mañana sonreirán ambos y habrá un secreto de complicidad entre los dos, escondido, como si nada hubiera pasado.

Beneficios psicológicos

Todos somos otro dentro de nosotros mismos. Aventurera, sacrificada, espía, niña indefensa, rebelde, triunfadora, luchadora, mártir, heroína, asesina, conquistadora, matriarca, actriz, madre, cocinera, ejecutiva, secretaria, asistente, sumisa, esclava, prostituta, cómplice, ladrona, traidora, líder... En realidad el rol que asumimos en la vida práctica y real no es la única posibilidad de nuestra existencia sino la que finalmente nos tocó representar. Es decir que tú, mujer, no eres sólo esa esposa, madre o compañera, comprensiva, celosa o solidaria, da lo mismo. Para nada eres sólo eso. Tú eres muchas otras cosas ocultas, muchos otros personajes femeninos —o no— que tuvieron que quedar callados y amordazados por los acontecimientos que convenían a tu historia. Ahora esta historia se convirtió en tu ene-

23

migo, en tu rutina, en tu aburrimiento sexual. Es el momento de encarnar todas esas otras mujeres que llevas dentro. Ahora sí puedes, ahora debes hacerlo en la intimidad que has de vivir como un regalo para liberarte, no para sentirte acabada. Es al revés. Ahora es cuándo. Ser tu "gemela" les permite a ambos decirse y hacer otras cosas que hubieran quedado en el panteón de la pareja.

El esposo ciego

Motivación

La vista es un elemento erótico importante. Sin embargo a veces se vuelve en contra de nuestro cuerpo al sentirnos observados, especialmente en el caso de las mujeres. Sentimos vergüenza de que nos vea el otro, nos percibimos inadecuadas, gordas, estúpidas, celulíticas, chaparras, prietas, con cuerpo deforme comparado con los que se ven en las portadas de las revistas que ofertan el prototipo de mujer. Y el pudor se transforma en una huida de la libido sin disfrutar de la hermosura del sexo, ni siquiera porque tu amante lo desprecie, sino porque de una manera paranoica nos sentimos juzgadas, sojuzgadas, comparadas y observadas. Este juego tiene por misión liberar el compromiso de la vista. Conviene que quedes de acuerdo con tu pareja para llevarlo a cabo, su papel es fundamental en este caso y habrá de ser cómplice al máximo. Este juego aquí lo hemos representado en femenino, pero se puede realizar exactamente al revés, ser tú la ciega y que él se permita hacer el amor desnudo con toda su espontaneidad. ¿Viste la película *Perfume de mujer*? Ahí todo se intuye sin los ojos.

Mecánica del juego

Jugaremos a que tu esposo es ciego esta noche, y de hecho tendrá los ojos cerrados todo el tiempo íntimo de manera que no te vea. El compromiso debe ser serio y formal entre ambos; en este juego no se valen las trampas. Si lo prefieres, podemos ponerle una mascada sobre los ojos, pero yo creo que sería mejor al natural, con párpados cerrados. Sea como sea, al no verte, puedes desnudarte como nunca lo hiciste, como nunca te atreviste por miedo a ser vista. ¡Ahora es ciego y no se entera! Puedes adoptar todas las posturas a las que no te atreverías: él no ve, sólo siente. Desata la libido, la comodidad de tu cuerpo libre, de tu fantasía no sojuzgada, esta noche haz lo que nunca hiciste, contigo misma y con el otro.

Beneficios psicológicos

Te aseguro que con este juego descubrirás en ti a una amante tremenda que habitaba en tu interior y guardaba silencio por culpa de la vista. El resultado no es sólo para hoy, te servirá mañana, te lo juro, aunque los ojos vuelvan a estar abiertos. Lo descubierto en la libertad de ser es para siempre. Se trata de un juego que reditúa a largo plazo.

Cambio de roles

Motivación

Es muy difícil saber cómo somos ante nuestra pareja. Por más que nos veamos en el espejo, no hay manera. La distorsión científicamente comprobada entre "cómo me veo yo" y "cómo me ven los demás" es de un 70%. Es decir que para nada imaginamos cómo nos perciben los demás por mucho que insistamos ante el espejo, ni siquiera ahí podemos vernos como ellos nos ven. Si esto ocurre en lo social, ¿te imaginas en lo sexual? Sin duda nos percibimos a nosotros mismos de una manera y nuestra pareja nos ve de otra forma de la que no tenemos ni la menor idea. Y el sexo es una prueba de fuego, actitudes absolutamente íntimas y descuidadas con la confianza y el tiempo. Juguemos a saber cómo nos ve nuestra pareja. Es un experimento interesante y altamente ilustrativo. En este caso el juego es mutuo, los dos van a jugar siendo protagonistas y víctimas simultáneamente. Sin duda habrá que estar de acuerdo previamente para llevarlo a cabo.

Mecánica del juego

Este juego de roles consiste en que esta noche, en la cama, el hombre trate de imitar las actitudes que conoce de su mujer como si fuera ella: las puede ridiculizar sin límite, interpretar, representar, satirizar, encarnar, actuar al fin. Hoy tú eres ella, tal y como la ves en la cama y en su actitud sexual. Hoy la encarnas y harás lo que ves que ella hace habitualmente para tener relaciones. Sin miedo, metido en el personaje, como un espejo para ella. Pero exactamente y al tiempo ocurrirá lo mismo al revés, es decir que ella interpretará en la cama las actitudes que a diario ve en él: su tono, su manera de aproximarse, sus gestos, sus pretextos, sus acciones, etcétera. Hoy tú, mujer, eres él, tal y como lo ves a diario. Ambos se van a comportar como normalmente se comporta el otro en la cama, cambiando sus roles, remedándose mutuamente.

Beneficios psicológicos

La experiencia es reveladora y nos hace tomar conciencia del desastre de nuestra actitud. Reflejarnos a nosotros mismos es el primer paso para cambiar de comportamiento, porque sólo tomando conciencia se puede intervenir: es imposible modificar lo que se desconoce. Descubrirás al verte reflejado en él otros gestos habituales de tu persona en los que no reparaste, tics, manías, cosas repetidas que quedan en evidencia, encantadoras a veces, pero también ridículas, obsesivas. Pero además te prometo una velada llena de humor y circo, risas y más risas al vernos reflejados en la parodia del otro. El juego es tremendo, y mejor si es mutuo y simultáneo: ¿te atreves?

El casting

Motivación

Todos hemos soñado alguna vez con ser grandes actores, protagonistas de las películas más fascinantes, pero sobre todo ser elegidos para ello. Al mismo tiempo somos conscientes de que en el mundo de la farándula —y en casi todos los mundos— las cosas no siempre se logran por méritos reales sino por seducción erótica, convenciendo con estas particulares artes a la persona responsable de que tú eres el candidato ideal para lo que se pretende. Éste es el juego para esta noche. Aquí lo representamos para ella, pero se puede hacer igualmente para él, y de cualquier modo ambos tienen que estar de acuerdo previamente porque es de película la fantasía que te proponemos.

Mecánica del juego

Se trata de un casting, una selección de candidatas para ser la protagonista de una gran película. Aquí el hombre es el director del filme y es quien decide. Habrá que implementar una silla adecuada para él, de lona plegable si es posible (como en las películas), poner un cuaderno y una pluma en sus manos para que tome notas sobre lo que hace ella, y acomodarse en una sala adecuadamente vacía donde tú puedas demostrar esas dotes histriónicas frente al director. Antes se habrán puesto de acuerdo acerca de lo que trata la película, esto lo dejo en tus manos, elige la del género que más te guste: amorosa, cursi, de terror, de aventuras, musical, romántica, del lejano oeste, de misterio, pornográfica incluso. Decidan esto ambos antes de iniciar el juego, es importante. Con base en ello tendrás que interpretar en esta prueba unas líneas recitadas, una escena en la que actúas tú sola para demostrar tus dotes (prepárala con antelación, sea cual sea la película e inventa las líneas que hagan falta). El asunto es que tienes que lograr que te den el papel como sea. Se supone que él ya vio a muchas mujeres que pretenden lo mismo demostrando su profesionalismo y hasta con un mejor cuerpo que el tuyo. Pero estás decidida a obtener el papel cueste lo que cueste. Tal vez no eres la mejor, pero sí la más convincente porque habrás de seducirlo hasta que te conceda el trabajo. El resto lo dejo a tu imaginación y a tus mañas. Aquí habrás de utilizar "tu pase de entrada", porque la competencia es fuerte, tu "cuerpomatic" para lograr ser la protagonista de la película. Sin duda él habrá de sucumbir a tus poderosos "argumentos".

Beneficios psicológicos

El amor pretende ser el favorito del otro, el mejor del mundo por encima de otros cuerpos, de otros dones, de otras fortunas y proposiciones. El amor se manifiesta cuando se le dice a alguien que es lo mejor del universo y a veces nos olvidamos de recordar esto a nuestra pareja. Por ello en este juego la persona amada será la elegida, por encima de todas las demás candidatas, porque posee algo que la hace idónea para ese rol, para ese papel, único y sin competencia posible frente a otros atributos. Este juego reafirma los lazos de amor y la elección de la pareja que te consagra como un dios, como alguien especial frente al mundo competitivo.

La amnesia

Motivación

Lo que más afecta nuestra conducta, lo que más la condiciona, son en general los prejuicios, los juicios previos que hacemos sobre las cosas, los compromisos del pasado que no nos dejan actuar con libertad en el presente y decidir hacia el futuro: "mi educación no me lo permite", "mi ideología está en contra de esto", "no estoy acostumbrado a pensar así", etcétera. Si uno de pronto no recordara quién es, ni de dónde viene ni a dónde va, entonces podríamos hacer otras cosas. Aquí representamos el juego en femenino, pero funciona igual al revés: también él puede sufrir de amnesia y no recordar nada. Es necesario quedar de acuerdo con la pareja para llevarlo a cabo.

Mecánica del juego

Tú, mujer, acabas de tener un accidente terrible en el carro y sufriste un golpe tremendo en la cabeza. Por fortuna aparentemente estás entera y creen que no te pasó nada, pero sí. El doctor dice que como consecuencia del golpe perdiste la memoria totalmente, que esto se remediará con el tiempo, con cariño y poco a poco, pero no de momento. Así que no sabes cómo te llamas ni quién eres, ni reconoces a tu esposo ni tu propia casa. Todo es nuevo para ti. Sólo él puede hacerte recordar con sus suaves caricias el lugar de compañera que ocupabas. Pero hoy el sexo será inútil y no recuperarás la memoria. Todo es nuevo y como tal haces las cosas sin saber exactamente por qué. Harás el amor con un extraño, mientras él pretende ser quien ocupe un lugar en tu memoria. De seguro lo que te hará recordar es mucho más de lo que ocurría últimamente. No le digas que miente, déjalo actuar porque estamos jugando.

Beneficios psicológicos

Uno de los grandes problemas de la pareja es que todo se da por sabido y por ganado. Con el tiempo desaparecen las ganas y la táctica de conquistar al otro, como si ya estuviera hecho, y no es cierto. La conquista debiera ser un empeño diario. Con este juego recuperamos la pareja como extraña, como algo por conquistar, y todos los elementos de la seducción habrán de ponerse en marcha. Una bocanada definitiva de aire fresco frente a la rutina habitual.

El sordo

Motivación

Si bien todos los sentidos contribuyen al erotismo, por la misma razón todos ellos pueden suponer una limitante a la hora de sentirnos juzgados por la pareja. En la cama se dicen al oído insensateces de todo tipo. Palabras cursis que avergonzarían a cualquiera con mediano estilo; palabras ordinarias que resultarían irrepetibles fuera de ese contexto, gemidos a veces falsos que ni siquiera nos pertenecen porque están hechos para que los escuche el otro, más aún en las mujeres que simulan suspiros frente a orgasmos inexistentes. Aquí el juego está representado en femenino como protagonista de la sordera del otro, pero de cualquier modo se puede llevar a cabo, en masculino, es decir cuando es el hombre quien se explaya ante la sorda; sirve para cualquier de los dos miembros de la pareja. Como siempre, conviene ponerse de acuerdo previamente, porque si no, no funciona.

Mecánica del juego

Consiste en pactar con tu hombre que él es sordo. No es tan fácil como en otros casos. La ceguera la podemos simular cerrando los ojos, pero el oído jamás puede cerrarse por completo. Podríamos usar tapones, pero no son interesantes en este caso porque jugaremos a no escuchar lo que en verdad estamos escuchando para saber más de nuestra pareja. No obstante, el reto es creer en la sordera absoluta del compañero desde el principio de la escena erótica: digas lo que digas él no escuchará y sólo podrá leer tus labios. Si lo practicas en las caricias previas lo puedes convertir casi en real, porque finalmente a los adultos nos encanta jugar y acabamos creyéndolo. A partir de ahí te podrás permitir decir las barbaridades, ternuras, obscenidades o incongruencias que nunca mencionaste por miedo a ser juzgada. Él es sordo, no oye, sólo ve tu sonrisa de placer que por fin se explaya con palabras tanto tiempo silenciadas. Hoy puedes dar rienda suelta a tu lengua sin límites, sin miedos, sin contemplaciones. Te sorprenderás de ti misma y él gozará en silencio, con cara de idiota, de tu lengua desatada.

Beneficios psicológicos

Es un juego verdaderamente interesante para ambos ya que destruye silencios que venían matando la relación. El sexo debería de ser siempre un elemento liberador para desatar todos los nudos que impone la vida cotidiana, todas las palabras reprimidas, censuradas, calladas. Sin embargo muchas veces no es así y lo convertimos en otro elemento de tortura y silencio. Aquí hoy pueden brotar mil y una cosas contenidas; no importa lo que digamos, es igual, el caso es que sean palabras estranguladas que no podíamos sacar y se merecen un espacio. ¡Qué mejor que lo íntimo para liberarnos!

La viuda

Motivación

Al convivir en pareja tenemos la impresión de que esa es la única posibilidad que nos queda en la vida, que ya no nos ocurrirá nada más, que el futuro está escrito, terminado y predeterminado por un aburrimiento sin límites. No es raro que una mujer fantasee con la posibilidad de ser viuda. Decirle esto a la pareja así, fríamente, puede resultar terrible, aniquilador. Sin embargo, si en vez de ocultar estos pensamientos se integran al erotismo como fantasía cómplice, como juego, pueden ser redimidos, incluso divertidos. Tendrás que quedar de acuerdo con tu pareja para este juego. Y de cualquier modo se puede hacer exactamente al revés, siendo él viudo y ella la que trata de consolarlo.

Mecánica del juego

Ahora se trata del velatorio de tu difunto esposo, supuestamente. Aquí puedes decorar la escena como quieras. Desde luego no hace falta un féretro, pero sí puedes vestirte como viuda desconsolada entre lutos, con traje oscuro, velos, ojeras, lo cual puede resultar tremendamente excitante completando tu aspecto mortecino. Alguien —tu esposo real— llega a consolarte en el velatorio. Te da el pésame, te dice que el difunto era lo mejor del mundo pero que la vida continúa, que debes vivir. Tú dices que no, que ya no tienes interés por nada porque él hacía el amor como nadie, que era único en la cama y que ya nunca más volverás a sentir aquello. El visitante te jura que es posible seguir viviendo, que tal vez lo que te espera es aún mejor. Finalmente, entre consuelo y consuelo te convence y lo pruebas, como nunca, como si volvieras a nacer…

Beneficios psicológicos

Todos tenemos miedo a la muerte, que en realidad es el único miedo humano aunque se disfrace de mil formas. Por lo mismo también hemos pensado en nuestra desaparición, en qué hará nuestra pareja cuando no estemos. Pero paralelamente hemos fantaseado más de una vez con lo que haríamos si nuestra pareja ya no estuviera. En vez de ocultarlo y temerlo, ésta es una ocasión de jugar entre los dos para eliminar el pánico, en lo más insondable, en lo más negro e ignorado. Una buena pareja disfruta de esto y más, sin silencios nefastos. Hay ganancia en esta experiencia aparentemente siniestra, ¡lo prometo!

La doctora

Motivación

Por más pudoroso que uno sea, al ir al doctor se vienen abajo las vergüenzas sin remedio. Ya

sea el dentista que indaga en tu boca, el podó-
logo en tus pies, y qué decir del urólogo, el gi-
necólogo o el temido proctólogo que mete su
dedo en el ano de los hombrees. Ahí sí estamos
encuerados de verdad y a eso vamos a jugar.
Esta vez lo representamos en femenino porque
nos resulta más excitante, pero perfectamente
pueden hacerlo al revés y ser él el doctor que la
revisa a ella. Pónganse de acuerdo desde antes
para que todo salga perfecto.

Mecánica del juego

El hombre simula tener un malestar nada
preciso, una especie de molestia que le sube
y le baja, que a veces sí pero a veces no. Ella
es la doctora que le debe de hacer un reco-
nocimiento completo, dije ¡completo! Para
empezar le exige estar desnudo tenderse. Ella
examinará sus ojos con una lámpara de mano,
las pupilas, la nariz, los oídos, la boca abierta,
la lengua. Luego palpará el pecho y tratará de
escuchar su sonido. Tomará la temperatura con
un termómetro (te recomiendo que sea en el
ano para que resulte más divertido). Compro-
bará los reflejos de la rodilla, sus músculos, las

vértebras de la espalda, los dedos de los pies... y por supuesto sus genitales, con todo detalle. No hace falta que te compres un equipo médico, bastará con una linterna y un martillo; pero sí te aconsejo la bata blanca que marca la diferencia en este divertimento. Por supuesto encontrarás "alteraciones" en su pene y tratarás de estimularlo para ver si responde o le recetas una píldora de Viagra. Lo demás lo dejo a tu elección... y a su erección por supuesto.

Beneficios psicológicos
Al estar frente al doctor te encuentras indefenso y te pones en sus manos. En manos de la doctora, en este caso, ella te explora y te somete a sus pretensiones, faceta tremendamente interesante para la sexualidad de la pareja ya que ella decide qué hacer con tu cuerpo y no al revés, como generalmente ocurre. La bata blanca aquí es un cambio de poderes que puede mejorar tremendamente la relación al dejar de ser activo y convertirse en dependiente, al tiempo que ella deja de ser pasiva y toma las decisiones para la salud de ambos. Para que te cures de una vez, ¿o no?

La chica de alquiler

Motivación

A la mujer que vive contigo no siempre puedes decirle todo lo que te gustaría hacer en la cama, mucho menos exigírselo. Sin embargo, el sexoservicio otorga placeres a la carta, desinhibidos, explícitos porque se trata de una profesional que hace lo que tú quieras. Darse la oportunidad de simular esto en pareja permite hacer patente los caprichos silenciados por un hombre que no serían confesados de otra manera. Aquí hacemos el juego en masculino, pero sin duda se puede llevar a cabo exactamente al revés y que ella solicite el chico de alquiler. Como siempre, tendrán que estar de acuerdo en todo.

Mecánica del juego

Esta noche tu esposa será la chica de agencia que acude a tu llamado para consolar tus horas. Ella trabaja en esto, es una profesional dispuesta a cumplir tus fantasías, y tú eres rico y pagas por ello; eres un cliente que merece ser bien atendido, no lo olvides ni un momento.

Para este juego deberás explicar previamente a tu esposa qué tipo de mujer has solicitado: moderna, clásica, intelectual, modelo, monjita, inocente, descarada, deportista, etc. La elección es importante para que ella encarne en su atuendo y actitud lo que tú solicitaste (no te preocupes aunque no corresponda exactamente a tu sueño, ten caridad y diviértete con el juego apreciando su intento por satisfacerte). Estás solo en la noche y esperas la visita de una mujer de una agencia de acompañantes. Ella toca la puerta de la casa y acude a tu solicitud, te trata de usted, de "señor", con gran profesionalismo y respeto. Le debes de pagar primero (hazlo realmente) y luego negocia lo que quieres que te haga, con detalle, exactamente lo que te gustaría. Por supuesto ella se comportará como tal, profesionalmente, atendiendo en todo al cliente, pidiendo incluso un incremento en la tarifa si los caprichos lo ameritan. Al terminar él le pedirá a ella su número de teléfono y le dirá que la volverá a llamar porque quedó muy complacido. Para ambos puede ser una noche inolvidable.

Beneficios psicológicos

En psicología clásica se dice que la terapia nunca puede ser gratuita, que ha de ser pagada para que surta efecto, que no puede ser un favor sino un trato. A veces en la pareja se hace necesario algo semejante. El matrimonio da por sentado el derecho al sexo, la obligación de la servidumbre sexual por el hecho de haber formado una pareja. Este juego recuerda las distancias y el intercambio simbólico de valores. El dinero aquí no es pérfido sino todo lo contrario: representa el valor e invertir si deseas algo del otro. Nada es gratis en la vida y mucho menos en una relación en la que los dos deben de aportar y recibir el beneficio de la felicidad igualmente. Por ello al día siguiente se pueden mirar con otra dignidad, sin dar nada por hecho y, además, sabiendo que cualquier cosa comprable en la calle la tenías en casa, sólo que no estabas dedicando ninguna energía a ello.

El novato

Motivación

Ser novato en algo tiene una doble vertiente. Por un lado el temor y el pudor del protagonista que intenta una tarea por primera vez. Mucho más en el sexo, que está lleno de fantasmas acerca de cómo hacerlo de la manera ideal. Pero paralelamente el novato tiene un encanto tremendo. Es alguien inocente, sin prejuicios, sin prepotencias, que desea aprender y agradece lo que ocurra como lo mejor de su vida si está bien manejado. Para la pareja es sensacional convertirse en maestro —en maestra en este caso— y aleccionar a alguien mostrando su gran sabiduría y explicando el maravilloso juego adulto del sexo. Esta vez representamos el juego en masculino, pero se puede hacer exactamente al revés siendo ella la novata y con los mismos valores. De cualquier modo, ambos deben estar de acuerdo para jugar, como siempre.

Mecánica del juego

Simularemos esta noche que él es "quintito", novato, inexperto; además tímido y asustadizo. Ésta será su primera relación sexual y todos los fantasmas pueblan su cabeza sin remedio. No sabe qué decir ni cómo hacerle, además de que teme quedar mal. Y todo porque ella es experta y sabe mucho de este asunto. Aquí la mujer manejará la situación tratando de explicarle "el misterio de la vida" y cómo hacerle para llegar a buen puerto calmando sus nervios. Incluso la penetración correrá a cuenta de ella y de sus hábiles manos.

Beneficios psicológicos
Lo masculino en la cama tiende a la prepotencia, a dar todo por sabido, a creerse experto en estas lides aunque el protagonista sea un patán. Esta vez la condición de novato lo obligará a quitarse sus "moños" levemente. Pero sobre todo permitirá que la mujer ponga en juego su conocimiento inconsciente del sexo que siempre silenció, ser maestra en lugar de esa analfabeta sexual que la habita como eterna condición femenina. Ella mostrará el camino para él, pero quizá también para ella sea la primera vez porque antes nadie le había preguntado qué hacer con la escena erótica. Esta noche es bueno estar en sus manos, en verdad.

Cita en el hotel

Motivación
La rutina de las parejas hace que dejen de ser amantes. El hotel que un día fue refugio de su pasión se sustituye por la cama casera, cotidiana, sin sorpresas, sin atentados contra el tiempo porque siempre está ahí, disponible. Habitar el hotel para hacer el amor, una vez establecidos y con casa, es doblemente interesante, y más aún como te lo planteo en este juego. Ambos habrán de ser cómplices para llevarlo a cabo y estar de acuerdo previamente en todos los detalles, aunque la parte organizativa esta vez la dejamos en manos femeninas.

Mecánica del juego
Tú, mujer, habrás de reservar un cuarto en un hotel y decírselo a tu pareja. Para el encuentro lo vas a citar en el bar del hotel. Llegarás antes y pedirás una copa. Él llegará después, solitario, como si no te conociera, y al verte intentará entablar conversación contigo. Ambos simularán ser solteros y viajeros de paso por la ciudad. En un momento dado, una vez que la seducción

entre los dos y las ganas se hayan despertado, tú te despides y le dices que te retiras a tu cuarto, por supuesto mostrando claramente tu llave y el número de habitación que ocupas. Te acuestas, se supone que duermes incluso, pero dejarás la puerta entreabierta. Él entrará más tarde en silencio y te hará el amor como nunca, sin que apenas despiertes, como intruso.

Beneficios psicológicos
La pareja establecida normalmente pierde el sabor de la aventura. Aquí la viviremos a tope. Un ligue en el bar, una puerta fácil, un penetrar sin cita. Precisamente lo contrario de la pareja formal que siempre parece tener el derecho de cita para todo. Te prometo grandes ganancias para ambos al redescubrirse como conquistadores por hacer algo activo en vez de actuar como conquistados pasivos y sin horizonte.

El extranjero

Motivación
Aquí te cuento una fantasía del hombre respecto a la mujer, pero dale vuelta y verás que

funciona de igual manera si es la mujer quien fantasea con un hombre extraño. Pero vamos al grano, hermano. Un extranjero puede tener muchas vertientes excitantes para ti como persona: desde la novedad, el interés o la molestia por ser diferente. Los esquimales ofrecen a su esposa para pasar la noche al visitante que aparece en la soledad peregrina y dura del hielo. Pero en esta ocasión no se trata de eso sino de todo lo contrario. Ahora es un juego erótico y como tal podemos ser "políticamente incorrectos" porque supone una fantasía al fin y al cabo. Te diré qué haremos.

Mecánica del juego

Caballero, queda de acuerdo con tu esposa para que ella esté tal día a tal hora vestida de turista, con mochila si hace falta, simulando que acaba de arribar a la zona internacional del aeropuerto que te corresponda en tu ciudad. A esa misma hora llegas tú. Vas ahí con toda la intención de recoger a alguna despistada de importación que no se oriente en México, un guía gratuito y casual digamos. Por supuesto la abordas y ofreces mostrarle el camino en este país desconocido. La llevas por la ciudad, le explicas una y mil maravillas de tu mundo, y luego... a tu casa, donde la atiendes en todo. Pero resulta que ella habla un extraño idioma que tú no comprendes y, a su vez, ella no entiende "ni papa" de lo que le dices verbalmente. Y aquí es donde viene lo interesante porque le enseñarás tu idioma de una manera totalmente equívoca atendiendo a tus fines calenturientos. Es decir que cuando ella pregunte con señas (por ejemplo) "¿dónde está el baño?", tú le dirás que en tu idioma se dice: "chúpame todo ahora mismo", que lo repita una y otra vez para conseguir el acento perfecto. Cuando quiera agua, le dirás que en tu lengua se dice: "me gustan los penes hasta el fondo", y así sucesivamente hasta que ella sólo diga frases obscenas intentando ser cordial contigo. ¿Qué pasará? Puedes imaginarlo.

Beneficios psicológicos

Por supuesto que ambos están enterados de todo en todo momento, pero simulan no saberlo. Lo actoral permite distanciarse de uno mismo, engañarnos con las mentiras que decimos todos los días tratando de lograr otro fin. Ahora habrá momentos en que les gane la risa, ¡te lo juro! Pero esa noche aprenderán que todos llevamos una máscara y hablamos lenguajes confusos, que en verdad estamos diciendo otra cosa diferente a la que decimos. Ser cómplices puede hacer ganar muchos puntos a la pareja y, sobre todo, ambos se pueden divertir sin límites con las mentiras del falso guía turístico. El humor reúne a la pareja, lo solemne es un asco.

La maestra

Motivación

La fantasía de hacerlo con la maestra es casi universal y pertenece a nuestra infancia más remota. Muchos varones recuerdan un momento de su época escolar en el que se sintieron atraídos por una profesora en particular, una mujer con la que soñaban a pesar de la diferencia de edad, la que podía resolverlo todo, la que parecía imposible que se fijara algún día en él. Sueños, fantasías, erotizaciones varias que quedaron archivadas en los relatos de adolescencia. Jugar a ello es un lujo que se pueden permitir las parejas para revivir aquellas fantasías tiernas, ¿por qué no? Para este juego tendrás que acordar las normas desde antes con tu pareja.

Mecánica del juego

Hoy, tú, mujer, serás la maestra, y él tu alumno consentido. Tendrás que implementar algunas cosas previamente para simularlo. Desde luego hace falta un pizarrón o algo parecido con sus correspondientes gises o marcadores, algo que simule un pupitre, cuaderno y pluma para el alumno, y de preferencia debes estar a cierta altura respecto al pupilo mientras explicas la clase. Tu aspecto debe ser de profesora interesante, culta y enigmática, docente y decente pero con cierta provocación escondida e insinuada. Tal vez una abertura en la falda que se muestra discretamente bajo el traje formal descubriendo un liguero; quizás el cabello recogido en chongo que se suelta sin querer; podría ser un escote que se abre al explicar de cerca la tarea al alumno. En general muy femenina y despistada, sabia, segura y protectora. No sé, de ti depende y no quiero dibujártelo todo, prefiero que tú lo construyas. Esta noche será una clase especial y particular para un alumno problemático (tu marido) que se tuvo que quedar horas extras en la escuela por ser torpe, muy torpe. La asignatura es Ciencias Naturales y él no entiende la reproducción de las especies por más que se lo expliques una y otra vez. Tu obligación es hacerlo entender, en el pizarrón, con ejemplos, con gestos, hasta que llegues a una demostración corporal para que el muy "menso" de una vez por todas comprenda cómo ocurre esto en la naturaleza, el celo, el ciclo reproductivo, el calor animal, la atracción. Ya sabes... Terminando recuperarás la compostura y le harás jurar que nunca, jamás, comentará con sus compañeros ni con nadie la clase particular que le diste. ¿Cómo ves?

Beneficios psicológicos
Esta vez vamos a compartir en pareja cosas dormidas de la infancia inconsciente que todos llevamos dentro. En lugar de que el pasado sea un·enemigo, vamos a absorberlo y

elaborarlo, a ponerlo en escena. La situación entre maestra sabia y alumno torpe permite representar unos roles tremendamente interesantes para romper lo cotidiano de la pareja, para pensar desde otro lugar, incluso para ejercer una especie de dominio-sumisión pero al revés de lo que normalmente toca representar a hombres y mujeres. Enriquecedor en suma. (Recomendamos que este juego no se lleve a cabo al revés, entre maestro y alumna por estar demasiado cercano a la realidad del abuso y por lo tanto no corresponde exactamente a la fantasía ideal.)

La muertita

Motivación
La idea de la muerte nos atrae y aterra a todos de igual manera, particularmente en lo erótico, aunque no nos demos cuenta. Para Freud el erotismo es el principio de vida pero sometido a un círculo cerrado con los mismos impulsos de muerte del individuo. De hecho al orgasmo se le llama "la pequeña muerte". Son esos instantes en que te vienes acá y te vas allá, lejos de

la propia existencia. Tal vez por ello jugar a estar muerta tiene una fascinación particular. No hablo aquí de necrófilos que buscan a personas muertas para fornicar, sino de jugar desde la vida, jugar a estar muerta. El hombre supone una mujer inerte y sumisa, que no juzga y que no exige nada de él, que no reclama, que no repela ni le reproche haga lo que haga; es sin duda una oportunidad única, tremenda, abismal. El juego permite rozar los límites sin daño alguno, ser cómplices de las fantasías más recónditas y secretas. Éste es un buen ejemplo de ello: hacerse la muertita mientras él te hace el amor. Conviene que le adviertas a tu pareja que estás jugando a esto, sin más explicaciones detalladas de momento.

Mecánica del juego
Tú, mujer, deberás estar inerte, inerme, pálida y rígida de ser posible, tiesa, sin moverte y maquillada de blanco. Desde luego no podrás responder con gestos secundarios a sus caricias, haga lo que haga él, aunque a veces parezca que te vencen las ganas. Si experimentas excitación o un orgasmo no mostrarás alteración alguna

más allá de lubricar pasivamente, como si no te perteneciera, mientras él abusa a sus anchas del cadáver hasta el punto de hacerlo funcionar en su sexo, sólo en su sexo y nada más. Al terminar, eso sí, darás un abrazo desde el que revives para continuar las horas.

Beneficios psicológicos

La pasividad absoluta de uno de los miembros de la pareja, el no opinar ni juzgar, permite al otro desenvolverse como tal vez no se había atrevido por miedo a ser analizado. Por ello el beneficio de este juego no está en uno mismo, sino en aprender de la libertad del otro cuando simulamos no existir, con el fin de incorporarlo a la pareja en lugar de reprimirlo (este juego no es interesante al revés dado que el cadáver masculino precisaría erección, y eso haría dudar de su calidad de difunto).

La vendedora de casas

Motivación

Este juego exige la complicidad de pareja para representar ambos sus respectivos roles. Se puede implementar de la manera que se describe aquí o al revés, el vendedor de casas puede ser él, funciona de ambas formas. Los dos tendrán que estar de acuerdo para emprender esta aventura. En este caso ella vende y él compra. Los lugares comunes que hoy habitamos algún día fueron nuevos y sugerentes, después perdieron el sentido por conocidos y rutinarios. En este caso el hecho de comprar o vender una casa implica un agente inmobiliario que nos muestra un hogar, al detalle, paso a paso, haciéndonos soñar lo que podría ocurrir en este nuevo techo que inventamos para jugar.

Mecánica del juego

Esta vez el hombre va a simular que busca una nueva casa para su familia y quiere darle una sorpresa a su esposa; de hecho habló a la inmobiliaria, a la agencia de bienes raíces. Por ello supongamos que tiene una cita en secreto con la señorita X (tú, por supuesto) para que le muestre una mansión, lo convenza de las bondades de la nueva casa y la compre. Sin duda será tu misma casa (prepárala previamente de modo que esté medianamente recogida y no con calzones tirados por el piso). Pero en esta ocasión vamos a simular que la mujer es agente de bienes raíces y el hombre el supuesto comprador, de manera que ella le muestra la propiedad rincón por rincón para convencerlo de que la compre. Aquí los argumentos que ella empleará para que él firme son fuera de lo común: motivos emocionales, eróticos, una supuesta historia de amor que ocurrió en esa casa, un fantasma fornicador, etc. Habrá de inventar delicias posibles en esa cocina, tesoros eróticos para guardar en el clóset que le muestra, sueños de burbujas en el baño... y desde luego locuras en la recámara que al fin le muestra en último lugar. Ella lo tendrá que convencer de estrenar la cama para demostrar que realmente es la casa ideal. No te digo más, el resto es cosa tuya.

Beneficios psicológicos
Este juego permite observar tu propia casa como algo ajeno, como un lugar que permite la seducción y el sexo, el mismo que pretendías al inaugurar la pareja o el matrimonio. Precisamente te libra del rincón cotidiano, co-

nocido y rutinario, y convierte el espacio en un habitáculo mágico y sensual donde todo puede ocurrir, dotando a cada rincón de las posibilidades eróticas que habías olvidado. El juego otorga la posibilidad de recuperar tu casa como lugar para el amor, en vez de vivirlo como estúpido santuario donde nada sensual ocurre y te come la rutina.

La amiga de tu esposa

Motivación

En muchas fantasías humanas hay otro u otra, y tampoco en esto somos demasiado imaginativos. Normalmente se fantasea con lo cercano. Es fácil que tu esposo tenga delirios sexuales con tu mejor amiga. Esta vez vamos a representar esta situación para utilizar este ímpetu en la propia pareja como combustible en lugar de que sea un veneno. Hoy la mujer será la protagonista que simula, pero podríamos hacerlo exactamente al revés siendo él quien pretende ser el mejor amigo de tu esposo. De cualquier modo tendrán que estar de acuerdo los dos para llevarlo a cabo.

Mecánica del juego

Tú, mujer, habrás de cambiar tu aspecto por completo para emprender este juego. No hace falta que imites en todo a tu mejor amiga sino se trata de que cambies totalmente tu estilo esta noche como si no fueras tú: el peinado, la ropa, la manera de actuar, etc. Es fácil para una mujer, travesti permanente de sus circunstancias, realizar un cambio de imagen por menos motivos que el que nos ocupa. Llegarás a casa de él —la tuya— casi por sorpresa, sabiendo que "ella" está ocupada y no llegará temprano esta noche. Le hablarás a tu pareja diciendo que eres la mejor amiga de su esposa, que lo sabes todo acerca de ella pero que te urge platicar. Existe un problema que te ha confesado ella y que te sientes obligada a revelar, aun traicionando a tu amiga, porque lo estimas a él, porque lo valoras. Le dirás que "ella" en el fondo no lo quiere, que no se merece a ese hombre maravilloso con el que tú siempre soñaste a través de sus confesiones. Que "ella" es egoísta y materialista, una persona interesada. Tú en cambio eres una mujer sensible y sabes apreciar la valía de un hombre semejante. En definitiva tendrás que seducirlo en su propia casa, en su propia cama y todo ello con el consabido miedo de que llegue la "esposa".

Beneficios psicológicos

Situarte en otro lugar te hace ver a tu pareja desde afuera, algo que normalmente es una carencia. Te permite valorar sus atributos, reconocerlos y devolverle al otro la autoestima. Te permite juzgarte a ti misma por no saber en la vida cotidiana lo que de verdad tienes y que podría ser aprovechado por otra, tú misma en este caso. Gran beneficio para los dos, jugar a la traición siendo ustedes mismos, ¡qué sabor! y qué enseñanza sobre todo para los días venideros.

El chico pagado

Motivación

Es conocido de todos y frecuente que un hombre contrate a una mujer para el sexoservicio. Sin embargo, cada vez es más habitual que existan mujeres que hagan lo mismo. A muchas no les interesa una relación de pareja y sus complicaciones, ni la obediencia, ni la sumisión ni el compromiso. Sin embargo, conscientes de su erotismo, les apetece un buen sexo. Por ello hay sexo pagado de varones contratados por mujeres. Pero, más allá de la realidad, como fantasía es excelente puesto que el varón contratado hará lo que se le pida, lo que tal vez como esposa nunca pediste. Cuando el sexo se paga resulta que se pueden explicitar las cosas que le dan placer a uno, sin compromiso, legalmente porque lo entendemos como un servicio, de igual manera que "la chica de alquiler" (en este mismo capítulo). La mujer también puede jugar a estas circunstancias y permitirse el lujo de pedir lo que da placer en vez de aceptar una situación como escena obligada sin variación alguna. La fantasía permite liberarse de los deberes y convertirlos en haberes, pero sobre todo en placeres. Pagar parece malo en el sexo, pero utilizado como juego tal vez sea incluso una ventaja erótica. Este juego está aquí representado en femenino, pero no lo puedes ejercer a solas como sorpresa, tienes que estar de acuerdo con tu pareja porque es fundamental el rol que él debe desempeñar.

Mecánica del juego

Pactarás previamente con tu marido para hablarle por teléfono al trabajo solicitando un hombre para esta noche, como si fuera una agencia de acompañantes. Él habrá de responder siguiéndote el rollo y estar bien atento a lo que estás contratando. Encarnando este papel él tendrá que llegar a la casa tocando el timbre y tú recibirás bien dispuesta a la visita profesional. Serás amable y le dirás exactamente lo que quieres, que para eso pagas. Puedes pedir un masaje previo, palabras al oído, sexo oral, posturas, actitudes, etc. Por cierto, tendrás que darle la lana por adelantado, porque así se acostumbra. El resto lo dejo en tus manos.

Beneficios psicológicos

El sexo pagado como fantasía tiene la gran virtud de que te desvincula del compromiso de parecer tal o cual cosa: simplemente eres una clienta y no te importa lo que piense sino lo que haga. Actuar como en un juego te permitirá dejar salir muchos deseos escondidos del erotismo que callabas por tener que ser la consorte, la mujer que el otro espera, la

adecuada. Estos elementos son tremendamente aprovechables para tu posterior vida
cotidiana y de pareja.

La extraterrestre

Motivación

Este juego lo puede protagonizar tanto él como
ella, tú decides. Aquí lo ejemplificamos en femenino, la extraterrestre, pero de ti depende
cómo quieras hacerlo. Pertenecer a la misma
cultura puede tener ventajas y desventajas. Pero
si hablamos de estas últimas, al coincidir la pareja con una serie de códigos y de valores parece que no puede escapar a ellos. Es decir, si
te casas con una gitana habrá de ser virgen y no
hay vuelta de hoja ni discusión. Si perteneces a
un pueblo de guerreros habrás de ser valiente y
ni modo de querer llorar porque tienes miedo.
Y así sucesivamente. Igual en lo físico: tendrás
que ser prieto o güero según a qué tribu perte-
nezcas para no resultar rarito o excluido. Al via-
jar también te etiquetan de latino, americano o
europeo y te costará mucho que alguien te vea
como persona más allá del rótulo. La solución

es no pertenecer al planeta: ser extraterrestre. El sexo está lleno de normas cerradas y falsos tabúes que impiden a la pareja jugar al erotismo. Siempre parece que tenemos miedo de gozar, de hacer algo que en el fondo esté mal si variamos las posturas, los modos, los ángulos. Por ello ser "extraterrestre" te puede permitir inventar juegos nuevos. ¡Adelante! Ser otro u otra es algo que siempre nos seduce porque nos redime de las cadenas que nos someten en nuestra vida cotidiana. Pero lo máximo para liberarse sería pensar que no perteneces a esta cultura, a esta raza o a esta ideología, que ni siquiera formas parte de este planeta. Tus reglas nada tienen que ver con lo común, son otras que no conocemos.

Mecánica del juego

Tú, mujer, acabas de aterrizar aquí proveniente de otro planeta. Las costumbres son distintas, tu modo de gozar también, nada que ver con lo habitual de los humanos. Prepara un atuendo extraterrestre adecuado (te aconsejo que veas la película *Barbarella* para inspirarte). Acabas de llegar al cuarto de un terrícola del que estás de pronto enamorada y él quiere saber cómo lo hacen en tu planeta. Éste es el momento de inventarte todo aquello que te dé placer y que nunca te atreviste a mencionar. Hay un pretexto: eres extraterrestre, extraña, diferente y puedes sugerirle a tu pareja que en tu mundo hacen todo aquello que en verdad te hubiera gustado hacer pero no te atreviste a contárselo: lámeme aquí, tócame allá, hazlo así, suavecito, lento, fuerte y duro... Ahora o nunca, no lo desaproveches. Acabas de llegar de otro planeta con otras costumbres, con otros sistemas de relación. Ni siquiera conoces el beso y te parece loco lo de juntar las bocas. Mucho menos sabes del coito porque en tu mundo cósmico con pensar en la pareja les basta para tener un orgasmo. Él tendrá que enseñarte las costumbres terrícolas, y tú te harás "mensa" tratando de aprenderlas. ¿Hasta dónde? Él decide lo que se hace en el planeta Tierra porque tú no sabes nada de estas bárbaras costumbres.

Beneficios psicológicos

En la vida cotidiana de pareja no es fácil decirle al otro lo que te gusta, lo que te gustaría, lo que quieres, lo que probarías. Hay un cierto pudor, una falsa decencia que nos impide comunicarnos a este nivel y obliga a guardar silencio por miedo a resultar inadecuada, improcedente, descarada. Pero gracias al juego puedes permitirte fantasear que en tu planeta se hace "de este modo o del otro", como quieras, porque el mundo del que vienes sólo lo inventas tú y no tienes obligación moral ni formal para con los terrícolas. En verdad es una gran oportunidad de decir lo que normalmente no nos decimos de nuestros cuerpos y caprichos. Pero también para él es una gran ocasión. Explicar su mundo a alguien ajeno le obliga a repensar las cosas, o mejor dicho a pensarlas porque tal vez nunca las pensamos, simplemente las hacemos sin pretender que tengan sentido alguno. Por ello el erotismo aquí se enriquece de argumentos y de gestos que pretenden algo terriblemente humano, algo que por primera vez trataremos de entender porque hay que explicárselo al otro que nada sabe de estas cosas que para ti significan tanto. Este juego conlleva el dotar de sentido a nuestras caricias, el pensarlas por primera vez y amar nuestros gestos. No pertenecer a este mundo te permite la inocencia de reaprender, de no dar nada por sabido y volver a interpretar al niño que llevas dentro, a saborear los primeros valores en su virginidad absoluta. Ser de otro planeta y enamorarte en éste, es una oportunidad que todos merecemos. Te aseguro que después de esta experiencia serás otro. Por supuesto esta puesta en escena exige la colaboración absoluta de tu pareja para llevar a cabo la fantasía.

El repartidor de pizzas

Motivación

Este juego sí es femenino por iniciativa, aunque desde luego involucra a ambos. Una de las fantasías sexuales más comunes en las mujeres casadas consiste en no comprometerse, es decir, soñar con hacer el amor con un tipo que aparece de pronto y desaparece luego de su vida sin crear conflictos ni complicaciones. En esto difiere un poco de lo masculino, que tiende a buscarse problemas con mujeres reales que existen y persisten, pero en fin, no hablamos aquí de esto sino de juegos de pareja que en esta ocasión puedan colmar las ansias femeninas.

Mecánica del juego

La imagen del repartidor de pizzas es idónea para lo momentáneo sin complicación alguna. Por ello esta vez simularemos que ella pidió una pizza por teléfono y que su esposo es el mensajero que toca el timbre con la caja en la mano. Sin duda tendrás que implementar una cierta apariencia en él, y sobre todo, en la envoltura para que parezca real; nada es gratis hermana mía. Cuando toque a tu puerta habrás de convencerlo de que pase a la casa a como dé lugar. Él, por supuesto, alegará que tiene que irse para hacer otra entrega, pero ahí está tu estrategia para convencerlo de que se quede hasta que te haga el amor y después se vaya, pero no antes.

Beneficios psicológicos

Jugar a que haces el amor con un desconocido, alguien que venía a otra cosa y lo desviaste de su camino, pero sobre todo que se irá después, implica un erotismo tremendo que reta la cotidianidad del esposo que se queda. Es decir que te juegas tu libido en un instante efímero y por tanto obligado a ser lo máximo, sin la aparente ventaja de que tienes toda una vida para demostrar otras cosas. Además, al ser tu pareja un supuesto desconocido te puedes permitir decirle cosas que tal vez nunca dirías. Aprovecha, ahora o nunca.

El policía

Motivación
La buena y la mala de las películas siempre tienen una doble atracción fatal. A veces la mala ejerce en nosotros una seducción inexplicable, incluso en contra de los pensamientos lógicos. Y no es de extrañar porque, en general, el "sentido común" de lo humano se vuelve casi una norma en el matrimonio, haciendo siempre lo que se debe, lo que conviene, pero nunca permitiéndonos una locura. Ahora sí podemos, porque es un juego que da lugar a sacar adelante lo callado, lo contenido en esas otras personalidades que nos habitan en lo más profundo. Esta fantasía tiene por objeto amar a la mala sin tolerarlo en el fondo, confundirse con los sentimientos y el pensamiento, renegar de la lógica adecuada

de nosotros mismos que nos hace monótonos y rutinarios sin ensanchar el pensamiento. Como siempre estarán los dos de acuerdo para interpretarlo, pero esta vez el policía es él. Aunque por supuesto podemos hacerlo exactamente al revés, si te complace.

Mecánica de juego

Tú, hombre, necesitarás unas esposas de policía, o cuando menos unos flejes de plástico para amarrar sus muñecas. Tú eres un policía que tiene por misión detener a la peor delincuente de todos los tiempos. Acabas de descubrir su escondite en la casa. Puedes iniciar correteándola por los cuartos, los pasillos o las escaleras como si se tratara de una persecución, de una huída. Por supuesto ella estará de acuerdo contigo y tarde o temprano permitirá que la atrapes simulando resistencia. Ahora ya está en tus manos, pero tienes que pedir refuerzos para que te ayuden y nadie contesta a tu llamado, el celular no sirve. Tienes que retenerla en la casa hasta el amanecer, asegurarla a como dé lugar para que no escape. La amarras en tu cama con las esposas, y aprovechas para interrogarla acerca de su vida pasada. Esta parte es muy importante e interactiva porque tan morbosas podrán ser tus preguntas como sus respuestas, de modo que llegue un momento en que te vayas acercando progresivamente a su cuerpo hasta que lo hagas tuyo ¡sin desamarrarla! Tal vez negocies su libertad si te convence, o no, todo depende.

Beneficios psicológicos

Este juego tiene por misión poner el amor por delante de otras obligaciones sociales, es decir reivindicar el amor y la complicidad de la pareja más allá de los juicios y los prejuicios. Cuando amas a alguien te conviertes en su cómplice, es la única ley por encima de todas las leyes. No puedes estar "durmiendo con el enemigo", eso no es amor, y si es el caso, entonces la elección de pareja fue un error. Amar es estar con el otro "en las duras y en las maduras". Juzgarlo sin comprenderlo es lo ajeno. Ésta es la gran enseñanza del juego, ¿de qué lado estás? Del amor, sin duda.

La muda

Motivación

Tener los cinco sentidos —y alguno más— parece un privilegio. Sin embargo, a la hora del erotismo nos sobran algunos y no desarrollamos plenamente otros. Ser mudo, carecer del lenguaje, puede permitirnos implementar muchas otras estrategias desinhibidas que existirían si no nos asustáramos por las palabras. Aquí el juego es femenino, pero podría ser exactamente al revés y ser el hombre el mudo. En ambos casos tendrás que estar previamente de acuerdo con tu pareja y explicarle de qué se trata para que te siga el rollo.

Mecánica del juego

Tú eres muda, no puedes hablar pero quieres hacer el amor. Le tendrás que explicar a tu pareja lo que quieres por señas. Desde luego no sólo lo obvio de "mete-saca" sino todo el juego amoroso, todas las caricias que deseas: los besos en qué lugar de tu cuerpo, en qué momento, con qué duración, las caricias, las posturas. Como no puedes hablar tienes que recurrir a los gestos, no importa cuán obscenos sean, es tu única manera de comunicarte y tienes que hacerte entender a como dé lugar, no puedes permitir que tu discapacidad te reste placer, tú reivindicas la comunicación por gestos.

Beneficios psicológicos
Las palabras normalmente nos dan miedo. Una mujer no se atreve fácilmente a decir: "lámeme", "tócame aquí o allá". Al simular la mudez te verás impelida a suplantar al lenguaje y a expresar con gestos cosas que no te hubieras atrevido a decir con palabras explícitas. Hermosa confesión la de hoy para que de mañana en adelante sepa tu hombre lo que te gusta.

El juez

Motivación
Aunque este juego lo relatamos en femenino, puede perfectamente jugarse al revés y ser ella la juez, que quede claro. Veamos. Unos más y otros menos, todos hemos imaginado alguna vez estar sometidos al peso de la ley. Delinquir, ser culpable de algo que los demás condenan,

meter la pata en alguna acción que no es tolerada por la sociedad. Puede ser tan leve como manejar un carro sin licencia, beber una copa de más o saltarse un semáforo en rojo. O quizás algo más grave; eso depende de la imaginación de cada uno. El asunto es que te cacharon y estás en problemas con la ley.

Mecánica del juego

Hay que simular un juicio, al menos el lugar de un juez (él) y el acusado (ella): prepara tu cuarto para esto. Hoy vamos a imaginar que tú, mujer, eres culpable, tremenda y absolutamente culpable de algún delito y que estás ante el juez. Supongamos por ejemplo que te pasaste un alto manejando (y conste que podría ser cualquier otra cosa). Pero esta noche el juez es tu hombre y tú la persona juzgada. Puedes implementar su atuendo, el martillo, el estrado, y tu lugar, más abajo que el suyo. Pero resulta que a la hora del juicio no llega tu abogado y has de defenderte sola de lo que te acusan, sin asistencia legal. Tendrás que convencer al juez de que eres inocente y para ello habrás de emplear tus mejores artes, tanto físicas como psicológicas. Tendrás que razonar tu inocencia para convencerlo y, si se resiste, seducirlo de modo que no te condene. Así de duro está el asunto porque, de lo contrario, irás a la cárcel. Tienes que evitarlo a como dé lugar, física o psicológicamente, tentando o razonando, que finalmente es lo mismo.

Beneficios psicológicos

Defenderte cuando pareces culpable implica tener que razonar muchas cosas, datos que tal vez antes no te habías parado a pensar: que eres una persona, que tienes sentimientos, que estás sometida a presión por tal o cual cosa que condiciona tu vida y no te permite actuar con equilibrio absoluto. Pero al tiempo has de reconocer el error, la "metedura de pata" por falta de templanza. Esto en sí mismo es un ejercicio magnífico para cualquier persona y, además, obligas a tu pareja a ser un juez imparcial en lugar del contrincante, del enemigo que siempre parece encarnar el otro, hagas lo que hagas. Él tendrá que escucharte y ser justo, no le queda más remedio, ser el juez y no el acusador antes de emitir sentencia. Sin duda este ejercicio puede culminar en un encuentro sexual en el que ambos hayan entendido más de sí mismos y del otro de lo que entendían antes.

El tonto

Motivación

Este juego puede ser puesto en escena por ella o por él, basta darle la vuelta y funciona de igual manera. Aquí lo relatamos en femenino a modo de ejemplo. Verás por qué. Uno de los principales temores que las mujeres albergan es el miedo a ser juzgadas. Siempre parece existir otro más listo que te califica de buena, óptima, "número uno" o mediocre. Por ello el sueño de tener por un instante un hombre que no opine, que no te juzgue y al que le parezcas a todas luces maravillosa, única, irrepetible, es común en los humanos, machos y hembras. Soñar por un instante que tu pareja es tonta, que sólo se impacta contigo y no te compara ni te juzga ni opina, es una fantasía de cualquiera, aunque no sirva a la larga pero sí para un rato, por ejemplo para jugar una noche de verano.

Mecánica del juego

Esta noche te estás acostando con un tonto, con un lelo que nada sabe de la vida; y tú, en cambio, lo sabes todo. Él es simple, inexperto, corto de inteligencia. Por ello tú lo vas a adiestrar en las lides del erotismo, lo vas a iniciar en lo que más te guste, sin prejuicios, porque él es tan primario que todo le resulta nuevo. Precisarás aquí la complicidad de tu pareja para que él se haga el tonto.

Beneficios psicológicos

Por supuesto que en estos asuntos que tratamos hay cosas que de plano podrían resultar "políticamente incorrectas". Pero resulta que estamos en el plano de las fantasías, no de las realidades y, por tanto, se valen otras cosas que en la vida cotidiana podrían sonar inconvenientes. Aquí no hay límites para imaginar, siempre y cuando no nos dañemos. En este caso suponer al otro estúpido nos permite mostrar nuestra imaginería sin miedo a ser juzgados por la inteligencia de quien nos observa, ser más libres para crear caricias y juegos sin temor al juicio sumario ni a ser catalogados, rotulados de tal o cual cosa a la que siempre tememos: si el otro es más tonto que yo, puedo permitirme el lujo de ser cualquier cosa sin temores. Esto es tremendamente creativo. Puede ser el juego de ella para él, y de él para ella. Al día siguiente te juro que habremos aprendido algo.

El técnico de internet

Motivación

Los técnicos que visitan los hogares de las amas de casa cuando su marido está fuera suponen una fantasía erótica universal. En España es el repartidor del gas que se suministra en tanques domésticos de gas butano: el "butanero". Normalmente se trata de un fornido sujeto con músculos de gimnasio capaz de levantar semejante peso hasta un sexto piso sin elevador. Y ella está sola esperándolo. Las variantes de esto podrían ser el plomero, el jardinero, el electricista, etc. Pero digamos que estos otros oficios no siempre corresponden en nuestro medio a un cuerpo precisamente erótico, sino todo lo contrario. Sin embargo, a cambio de estos servicios que poco a poco desaparecen hay una nueva raza fantástica que habita entre nosotros: los informáticos, jóvenes en su mayoría, tan ajenos a la realidad que ni siquiera te miran a la cara, nerds absortos en la máquina. La fantasía de seducirlos es todo un reto para cualquier mujer. Por ello esta vez el juego lo vamos a encarnar en masculino, por supuesto de acuerdo con ella.

Mecánica del juego

Ella está sola, su computadora no sirve y llega el técnico —tú— para ponerla al día. Pero la computadora está casualmente en la recámara y ella está desesperada porque no sabe cómo hacerle para hablar con sus amigas de las confesiones más íntimas que acostumbra por mail y por chat. Tú la consuelas levemente de semejante desastre pero al principio casi ni la miras, te centras en el teclado y en buscarle soluciones a su problema técnico, clavado en la computadora. Pero de pronto te das cuenta de que ella está ahí y le haces preguntas de doble sentido junto a la máquina invitándola a que se acerque cada vez más para que vea la pantalla contigo: "yo sé cómo prenderlo", "cuando yo lo inicio se prende", "pero a solas tú no puedes", "¿lo quieres reiniciar?", "a veces no responde", "me gustaría que respondiera como ahora..." Cuando estés seguro de que está sobre tu hombro leyendo escribes en la pantalla en mayúsculas: "QUIERO HACERLO AHORA MISMO CONTIGO." Ella se quedará absorta y no sabrá ni qué onda, pero se dejará. El asunto es que debes seducirla abandonando la máquina y hacerlo con ella sin apagarla. Temes que llegue su "marido" en cualquier momento, pero tienes un interés extremo en mostrarle las claves del teclado. Al terminar le pides que pague tus servicios y la dejas a solas en internet recordando lo vivido.

Beneficios psicológicos

Al ser la fantasía de un hombre que nada importa, que sólo pasa, que viene y se va, la mujer puede poner en marcha actividades mucho más locas de las que desempeña en lo cotidiano y que implican un compromiso. Y tú también, hombre, sin duda puedes olvidar por un momento el peso de la esposa y actuar de manera instantánea sin el lastre de la historia en común. No es enamoramiento, es sólo sexo por sexo, algo casi olvidado en la pareja cotidiana y que puede reactivar de manera tremenda. Prueba.

La vecina

Motivación
La vecina es un clásico del deseo casero. Es la otra, la que está enfrente, la que no es de uno, sea quien sea. El deseo camina sin remedio hacia lo prohibido, hacia lo ajeno. Desear es mirar lo que no se tiene. Por ello el tener a veces mata el deseo. Absorber esta fantasía en pareja es interesante para no dejar nada al vecindario. Esta vez lo representamos en femenino, pero perfectamente podría ocurrir al revés y ser ella quien desee al vecino.

Mecánica del juego
Se trata de que tú, mujer, simules ser la vecina de tu pareja. Sin duda resulta un poco complicado que rentes un departamento frente al suyo y esperes a que te espíe con los binoculares. Por ello trataremos de simplificar el asunto con el mismo rendimiento. Tocarás la puerta de

tu propia casa en la noche pidiendo un poco de sal al vecino (tu esposo que se supone que está solo). Él te invitará a pasar hasta la cocina para que la tomes tú misma. Ahí le contarás la historia de que eres la vecina, la que siempre soñó pero sabe que estás acompañado. Él te contará que a veces te espía por la ventana y tuvo más de una vez fantasías con tu imagen. En fin, la sala se convertirá en un encuentro sexual entre que "te la doy y me la regalas" a través de la historia imaginada que ambos se cuentan.

Beneficios psicológicos

Desear al otro es algo completamente natural en lo humano. Y se desea lo que está cerca, lo que se ve. Así de flojos somos en el esfuerzo de lo erótico. Por ello la imagen de la vecina es un clásico de las películas pornográficas. Jugar a serlo permite habitar las fantasías y representarse en los roles de lo deseado. Encarnar a otro, a otra, siempre nos permite crecer como individuos y averiguar cosas prodigiosas de nosotros mismos que jamás haríamos en lo cotidiano por creer que estamos esclavizados en el rol de ser lo que creemos que somos o lo que se espera de nosotros. Atentar es sabroso, sobre todo cuando se está de acuerdo en hacerlo. En vez de los celos, aquí hay gozo y beneficio.

La enfermera

Motivación
Cuando estamos malitos hay alguien que nos cuida y nos hace sentir como en los lugares hospitalarios. La referencia erótica es el primer amor, la mamá que nos atendió de niños y que juró nunca abandonarnos. Mentira: de adulto lo cierto es que te ves en manos de cualquiera. Por ello cuando estás débil, los brazos seguros que te solucionan tu desolación adquieren un carácter sexual más allá de lo afectivo y profesional. La enfermera resuelve casi todo, atiende tus necesidades más íntimas, conoce tu cuerpo que perdió el pudor en el hospital, juega con él como si no existieran las partes secretas. Este juego lo hemos representado aquí en femenino, pero es indispensable quedar de acuerdo porque hay mucho por jugar entre ambos.

Mecánica del juego

Hoy tú, hombre, simularás ser un enfermo internado, inválido en la cama, y tu esposa será la enfermera que acude para atenderte en la noche. La fantasía de hacer el amor con tu enfermera es de lo más seductora cuando llega a verte, a cuidarte, a tomarte la temperatura, a curarte los vendajes que tienes entre los muslos, a cambiarte la cama hasta que se mete adentro. En fin, la terapia y tus artes para convencerla de que te cuide no conocen límites.

Beneficios psicológicos

Recuperamos el cuidado frente a los desvalidos que somos, finalmente, los humanos, volvemos a sentirnos niños enfermitos sabiendo que, aunque los padres no están, sí está la pareja como un lugar seguro y de gozo. Este juego tiene que ver con nuestros miedos más primarios y por supuesto con la alianza de pareja que jura: yo estaré aquí para hacerte feliz, pase lo que pase, yo velaré por ti.

Hacer otras cosas

Mientras habla por teléfono

Motivación

¿Qué mujer no ha sentido celos alguna vez de que él hable por teléfono cuando quiere decirle algo? O peor aún, mientras quieres hacerle algo a tu pareja y en lugar de prestarte atención no se resiste al impulso de responder una llamada por más que le digas que la ignore. El teléfono puede ser un gran enemigo del erotismo, más aún el celular que parece sonar siempre por algún asunto urgente y te roba tus grandes momentos. Éste es un juego para vengarte con creces de ese aparato estúpido que le hace a tu hombre restarte atención y que atienda a un extraño en vez de sentir tus caricias. No obstante, tendrás que ponerte de acuerdo previamente con tu pareja para llevar esta fantasía acabo y para que salgan bien las cosas. Por supuesto puede hacerse al revés y vengar al hombre de que su mujer hable por teléfono permanentemente.

Mecánica del juego

Esta noche le vas a proponer a tu hombre que aguante mientras habla por teléfono en una conversación real provocada por él mismo. El juego es tanto más morboso cuanto más comprometida sea la llamada. Te recomiendo en este caso que —si se puede— marque a su mamá, o en su defecto a su jefe, a un profesor o a una figura de autoridad. Tienes que quedar de acuerdo previamente y retarlo a que invente el motivo de la llamada y sea lo más larga posible, aunque sea una idiotez a modo de pretexto, dile que te demuestre así que te quiere por encima de todas las cosas, que es un capricho muy excitante. Claro que la intención aquí es que la llamada soporte un discurso duradero, es decir que no se trate de un recado breve sino de una conversación que permita hacer tiempo. ¿Qué harás entretanto? Te lo puedes imaginar. Mientras él sostiene una plática telefónica tú lo vas a estimular hasta el éxtasis, afanosamente, con el sexo, las manos, la boca, el cuerpo entero, lo que haga falta con tal de cortarle la respiración hasta que no pueda más y suene acatarrado, tal vez disimulando con tos al llegar al éxtasis, un estornudo, una emergencia para interrumpir cuando la voz se agote. El reto es que sea capaz de sostener la conversación disimulando todo el tiempo lo que ocurre en su cuerpo, sin colgar hasta el final. ¿Se atreverá? Tú sí, desde luego. Trata de convencerlo porque es tremendamente excitante saber que al otro lado del hilo no se están enterando, ¿o sí? Jamás te lo dirán, desde luego.

Beneficios psicológicos
Sobre todo la complicidad en este caso. Tanto más cuando el reto sea quedar por encima de lo real como pareja, como circunstancia, por encima de su mamá, de su jefe, de lo que suceda en su entorno ajeno a ti. Ser cómplice de ese mundo íntimo que ocurre sólo para ustedes dos más allá de las convenciones y de las conveniencias sociales o familiares, esa sonrisa guardada en secreto, será rendidora en extremo, más de lo que parece.

El candado

Motivación
La rutina del matrimonio hace que el sexo sea fácil, realmente accesible en cualquier

momento, lo cual le quita el morbo y la fascinación de aquella lucha por conseguir un pedazo de carne deseada, un momento robado al tiempo del encuentro, un lugar imposible. Por ello las técnicas de pareja que complican el encuentro sexual y lo hacen dificultoso funcionan muy bien para revitalizar el deseo. Aquí el juego está en manos de la mujer y no sirve hacerlo al revés. En esta fantasía no es preciso que adviertas del juego a tu pareja, lo mejor es que no le des ninguna pista previa, que se sorprenda con lo que vas a hacer.

Mecánica del juego

Vas a necesitar un atuendo normal, pero debajo un short muy descarado y también una cadena de tlapalería que abarque tu cintura entre las cintas del short a modo de cinturón; esta cadena la cerrarás con un candado adecuado. En este juego tú recibirás a tu hombre muy sensual y excitada, deseosa, amorosa, demandante, pero aparentemente con mucha ropa. Le harás las caricias previas que más lo prendan, tú sabrás: con la boca, en la oreja, simularás mordiscos en su bragueta… Cuando tus besos lo tengan loco querrá quitarte la ropa pero, ¡oh sorpresa! Bajo tu atuendo hay un short chiquito, provocativo, muy sexy pero amarrado con un cinturón que en realidad es una cadena, con un candado que no se puede abrir a menos que tengas la llave. Tienes que volverlo loco en este punto, hacerle desear todo y más, de manera que intente quitarte el short y sea imposible. De seguro preguntará por la llave, y entonces tú le dirás que está en un lugar secreto, que sólo se lo revelarás si cumple un mandato. Éste es tu momento porque él aceptará cualquier cosa que le pidas. Hacerte sexo oral, darte un masaje, trapear la casa, lavar los trastes, cocinar o lo que sea necesario. De ti depende, pero ten pensado de antemano el precio de revelar dónde está la llave del candado, es una oportunidad que rara vez se repite en la vida.

Beneficios psicológicos
Cuando lo abra será riquísimo, le habrá costado obtenerlo en lugar de pensar en la gratuidad del matrimonio. Durante el noviazgo siempre hay negociación para el placer, se dis-

cute con la pareja, cuesta conseguirlo y hay condiciones. En el matrimonio, parte de la falta de hechizo es que el sexo parece estar ahí, a la mano, que se consigue sin méritos. En este juego hay que hacer méritos para el deseo, con lo cual se enciende sin remedio. Esto en sí mismo trae un beneficio para la pareja que recuerda de pronto el valor de lo extraordinario, no de lo ordinario, sin dar nada por debido sino como conquistador.

Los juguetes eróticos

Motivación

El sexo es una gran oportunidad de regresar a los placeres de la infancia. De niños nos dan juguetes para representar la realidad y así poder entenderla, eso a todos nos parece lógico. Una caja simula un refugio; un palo, un arma; un muñeco, un hijo… Sin embargo, al crecer nos dicen todo lo contrario: "no fantasees", "pisa el suelo", "sé realista". Sin duda lo hacemos y entonces perdemos el poder de jugar. Pero el sexo es un juego secreto entre dos adultos que están de acuerdo y reprimirlo es perderse de toda la imaginería y la capacidad mental que desarrollamos desde antaño. Hoy vamos a incorporar los juguetes para soñar, como cuando éramos niños y en mutuo acuerdo, como ocurría con los compañeros de infancia. Los antiguos orientales acostumbraban regalar en las bodas una caja erótica para esa noche especial. Nada de licuadoras, tostadoras o jarrones absurdos para la vida cotidiana. Al contrario, obsequiaban plumas de ave para que los amantes se hicieran cosquillas, pomadas para la erección, alimentos afrodisiacos, aceites de masaje y juguetes eróticos. ¿Por qué se habrá perdido esta maravillosa costumbre?

Mecánica del juego

Nos vamos a proveer de algunos juguetes sexuales. Pueden ser un pene de látex, unas "bolitas chinas" para introducir en la vagina, una cuerda para amarrarse a la cabecera de la cama, una pluma para hacer cosquillas, vaselina para penetrar los dedos por cualquier agujero prohibido, aceite para darse masaje mutuamente, lubricantes comestibles con sabores para ser devorados al lamer el cuerpo de tu pareja, etc.

Los juguetes eróticos se pueden conseguir en las tiendas sexshop; hay muchas en México. Existen artilugios increíbles a este nivel. Uno de los más recientes consiste en un vibrador doble que estimula simultáneamente a los dos miembros de la pareja, pero el truco está en que cada uno posee el control de las vibraciones del otro, de modo que puedes disminuir, acelerar, apagar o excitar al máximo a tu pareja según vaya el juego, y él a ti por supuesto. Si no tienes acceso a estos aditamentos, siempre podrás buscar en tu despensa alguna zanahoria para jugar los dos (dije los dos) a las penetraciones mutuas, un pepino discreto, unas plumas de ave o aceite de cocina. Por supuesto servirán las cremas y yogures, y todo aquello que tu imaginación sea capaz de robar de tu alacena para procurar una noche lúdica y recuperar un poco la infancia perdida hace tanto tiempo.

Beneficios psicológicos
Se trata de jugar entre los cuerpos con la complicidad recordada de la niñez. Será un secreto, algo que no puede ser confesado en familia, ni siquiera con los más íntimos porque entonces

perdería el encanto. Es volver a pertenecer al clan de los amigos, tu pareja y tú, a la banda única que sonríe al amanecer sin que nadie sepa lo que hicieron, una complicidad tremenda que crea lazos de unión entre los dos.

Sin calzones

Motivación
Este juego es mutuo para la pareja, sin sexismos de ningún tipo. Todos vivimos con los calzones puestos, tengamos la edad que tengamos y en el estado civil que sea: solteros, casados, divorciados o viudos. De hecho llevar calzones forma parte de nuestra civilidad para empaquetar los instintos y a eso estamos acostumbrados día con día. Este juego es para llevarlo a cabo ambos, los dos deben estar implicados.

Mecánica del juego
El día de hoy, por mutuo acuerdo, tu pareja y tú irán vestidos normalmente pero sin calzones. Quiero que sea un día de labor, cotidiano, no un fin de semana. Es decir que se incorporarán a su rutina con el secreto compartido en pareja

de que ambos no llevan ropa interior debajo. Al llegar la noche y la hora del encuentro se van a relatar lo que sintieron en todos y cada uno de los episodios de la jornada. En el trabajo, en el elevador, en el súper, en el banco, en la reunión, en la escuela al recoger a los niños, al hablar con la suegra, en el baño, en la plática con los compañeros o las amigas, etcétera.

Beneficios psicológicos

El hecho de no llevar calzones ya es en sí mismo un elemento erótico estimulante para el cuerpo de cualquier persona. Pero además hacerlo en pareja, de manera secreta, supone una complicidad que te hará sentir algo especial a lo largo de toda la jornada, experimentando cosas nuevas que sólo esperan el encuentro final para ser compartidas con nadie más que con tu pareja. Un despertar erótico a todos los niveles que se verá colmado por el relato y finalmente por la cama, entre cuento y cuento de lo que ambos sintieron. Todas las sensaciones registradas son útiles para la agenda de ambos, no sólo por hoy, sino para siempre, no lo olviden.

La silla

Motivación

La cama de las parejas no siempre es el lugar idóneo para hacer el amor. En realidad es el espacio para dormir, para agonizar tras una dura jornada, y a veces se parece más al lecho de la abuela que al lugar erótico que debe ser. En lo cotidiano la cama puede convertirse en un lugar de lucha y de reproches con los cuerpos tendidos, territorio del cansancio, de las broncas, de la rutina roncadora. No se vale, no es correcto. Habrá que cambiar las cosas para jugar al amor. Esta vez vamos a implicar a la pareja para ocupar otro espacio. Aquí cualquiera de los dos puede tomar la iniciativa.

Mecánica del juego

Se trata de llevar al dormitorio una buena silla, una butaca, un sillón, un sofá individual de ser posible. No me digas que no lo tienes. De seguro hay uno en la sala destinado a los invitados y te estás privando de este elemento erótico. Hoy harás el amor en el sillón, en todas las posturas que se te ocurran, que de seguro serán mucho más interesantes que el aburrido colchón donde siempre se tienden como muertos. Se vale todo: él sentado y ella encima; ella sentada y él como pueda; de frente, de medio lado, descolgados por el respaldo, por los brazos del sofá, a cuatro patas, de rodillas… Se trata de un Kama Sutra improvisado donde vas a experimentar nuevas formas y penetraciones que no imaginaste en el lecho. Todo buen amante debería de tener un sillón en su recámara, con eso te digo bastante.

Beneficios psicológicos

El hecho de salir de la cama para hacer el amor ya implica una aventura sensual, emocional y corporal. Sin remedio se hacen otras cosas por fuerza de la postura y ello permite habilitar muchos otros mundos posibles como fruto del encuentro entre dos cuerpos. En consecuencia, la pareja sale de su monotonía colchonera y descubre que las posiciones amatorias son algo a lo que se puede acceder fácilmente, sin necesidad de sentirse recién conocidos o perversos. Es indispensable un sillón —insistimos— en la recámara de una pareja, tenga la edad o la condición que tenga.

Comer a tu pareja

Motivación

Para que lo haga con él, o él con ella. Sirve para ambos aunque te lo cuente de esta manera. El sexo oral es tal vez una de las caricias más placenteras que pueda hacer un amante al otro. La boca, la primera zona erógena de nuestros recuerdos infantiles, allá donde recibimos el placer inolvidable del alimento que nos quitaba las penas, el llanto, el hambre, aquél consuelo que nos regalaba el sueño tranquilo. Pero al crecer apenas quedan como señal los besos. No es correcto. Degustar al otro es un ejercicio de gran fineza para el gourmet y de mejores resultados aun para quien resulta comido. Puedes ser todo un catador. De hecho en las encuestas mundiales sobre sexualidad los franceses siempre resultan ser el número uno como amantes año tras año, y esto ocurre por una sola razón: se ocupan de la mujer. El francés es un hombre que le hace sexo oral a la dama, un hombre que se arrodilla de entrada antes de preguntarle siquiera cómo se llama. De ahí en adelante importa poco lo que ocurra. Él ya no tiene miedo a ser eyaculador precoz, a las posturas… ni siquiera le importaría que no "se le pare" porque ella ya recibió lo suyo y desde luego le procuró uno o varios orgasmos gracias a su lengua y no dependió de su pene. ¿Vamos agarrando la onda? Pero mejor vamos directo al grano en el asunto de este juego. No se trata de un simple sexo oral, es mucho más que sexo y mucho más que oral desde luego.

Mecánica del juego

Hoy vamos a juntar los placeres de la boca erótica con lo mejor de la boca nutritiva, de modo que buscaremos una serie de alimentos que tengan textura agradable para ser regados por el cuerpo de nuestra pareja y después devorarlos, lamerlos, engullirlos, digerirlos hasta confundir el manjar con la carne que lo sustenta a modo de charola. Rociarlos por todas partes, de arriba abajo, de adelante a atrás, sin límites, salvo por lo corrosivo que pueden ser las sustancias en las zonas delicadas que se pueden irritar (¡ojo con esto!). Le dirás a tu amante que su cuerpo es hoy tu cena, que tienes hambre lasciva, que se tienda desnudo sobre la cama a modo de manjar y que tú lo vas a embarrar con alguna sazón para mejorar su natural gusto. Cuidado con los paranoicos que alucinen que en verdad te los vas a comer a la manera caníbal y se escondan; es mejor decirlo sin amenazas, como incitación al gusto, a dejarse lamer en definitiva. Sirve la miel, el yogur, la leche, la mermelada, el chocolate derretido, las palomitas de maíz, las fresas, las cremas y las natas, la gelatina troceada, la mayonesa, huevos crudos estrellados sobre la piel, guacamole, arroz con leche, puré de papa, bebidas como el champán, el vino, y un larguísimo etcétera. Aquí es importante tu imaginación e inventiva. Desde luego es indispensable que los alimentos que dispongas sobre el cuerpo de la pareja sean de tu agrado, pues los habrás de comer; mejor aún si te fascinan para que te involucres al máximo. Por lo mismo, conviene llegar a este juego con el estómago vacío para alimentar el hambre en la cama; ni modo que lo hagas tras una cena copiosa y no te apetezca nada. Las temperaturas también son decisivas. Se vale lo frío, también lo tibio, pero jamás lo caliente que lastime el cuerpo rociado, ni el picante; ¿te imaginas el efecto de rociar sobre sus testículos un pozole hirviente saturado de chiles? No, verdad que no, aunque por un momento te haga reír pensarlo. También habrá sustancias que puedes regar tranquilamente sobre la piel fuerte y tapizada como la de la espalda, el cuello, las piernas o el pecho, pero no sobre zonas mucosas y sensibles como el ano, los testículos, el pene o la vagina, ¿lógico, no? Mi consejo es que antes de emprender semejante aventura ensayes la víspera sobre tus propias zonas nobles para saber qué se siente y luego lo apliques para no llevarte disgustos por torpeza culinaria. Desde luego, en este juego no es conveniente improvisarlo todo, es mejor planear el variado menú y tenerlo todo previsto. Por cierto, ¿viste la película *Nueve semanas y media*?; te la recomiendo porque ellos agotan el refrigerador en sus andanzas sensuales, lo mismo que un personaje de mi novela *Tras el falo* (Colofón, 2001). Tal vez te enriquezcas con algunos tips para mejorar la puesta en escena.

Beneficios psicológicos

Comer al otro tiene que ver con el deseo en nuestra cultura que de hecho inicia el cortejo por la boca, por los besos, tanto más devoradores y hambrientos cuanto mayor sea la pasión de la pareja.

Pero precisamente esta parte se tiende a olvidar con la rutina. Los novios se besan "a tornillo" en la boca. Los esposos en cambio se dejan de morder y se besan en la mejilla, en la frente, en la mano o en ninguna parte. Por eso se trata aquí de volver a comer al otro, a tu pareja, degustarlo como platillo exquisito, sentir su sabor que nunca debe ser olvidado. El rendimiento de este juego para recuperar el erotismo de pareja es máximo.

El masaje tailandés

Motivación

Hay muchas versiones de los masajes en pareja y todas ellas son tremendamente placenteras. Sin embargo, esta vez yo diría que se trata de algo muy especial en que participan simultáneamente los dos cuerpos mejor que de ninguna otra manera. No es uno que da y otro que recibe sin más, para nada.

Mecánica del juego

Se trata de enjabonar los cuerpos de ambos previamente, estando totalmente desnudos, con una espuma de baño (puede ser cualquier jabón bien batido y masajeado sobre la piel) y añadir un aceite para que el cuerpo resbale todo el tiempo sin resecarse (sirve el de bebés o cualquier otro). En principio tú, hombre, le dices a ella que se tienda boca abajo en la cama y masajeas su cuerpo con estas dos sustancias, la friccionas hasta que esté completamente embadurnada, y excitada, por supuesto. Ahora le dices que repose y la dejas unos minutos en silencio. Mientras tanto tú untas las mismas sustancias en tu propia piel. Después trepas sobre su espalda y la masajeas, ¡sin utilizar tus manos! sólo tu cuerpo, todo tu cuerpo para frotarlo contra el suyo. Es decir que estimularás sus músculos con tu cuello, vientre, pecho, pene, testículos, piernas, pies, codos, rodillas. Todo se desliza, todo es fácil y ambos se excitan de una manera tremenda que urge ser completada. Pero no cedas a la primera intención, insiste en que has de darle un masaje hasta que te desee con locura. Tal vez el urgido seas tú por la fricción y aceleres el desenlace. Cuando se voltee no hará falta más sustancia porque ambos estarán totalmente embadurnados.

Beneficios psicológicos

El amor rutinario se suele concentrar en lo genital (pene-vagina) e ignora miles de puntos sensibles y amorosos del cuerpo del amante, ese cuerpo que al parecer sólo acarició la madre cuando éramos chiquitos, y a veces ni eso. Este tipo de masaje redescubre los millones de puntos sensibles en la piel, la propiedad del cuerpo como un ente total de gozo para ser compartido en pareja, la riqueza de toda la anatomía hecha para el placer y el disfrute en vez de centrarnos en la absurda y limitada entrepierna.

Numerar sus puntos de placer

Motivación

Lo primero es advertir que este juego sirve exactamente igual para que lo ejerza ella con él o él con ella, ¡que quede claro! No obstante, lo representaremos en masculino a modo de ejemplo. Dicho esto, prosigamos. A veces hacemos el amor como autómatas dando todo por sabido cuando en realidad no sabemos nada de la sensibilidad del otro, apenas conocemos los resortes de nuestra pareja. Este asunto empeora con el tiempo y en lugar de averiguar lo que le gusta al otro hacemos idioteces que tal vez le vienen sobrando o jamás le gustaron. Pero nadie dijo nada, nadie preguntó, no hubo "chance" y el sexo se volvió cada vez más aburrido. Nunca es tarde para empezar a amarse de manera auténtica, este juego te lo procura y además es divertido.

Mecánica del juego

Aquí se trata de averiguar el mapa de placer que tiene el cuerpo de tu mujer; además de numerarlo punto por punto del uno al diez según ella sienta más o menos gusto al tocarlo.

No hablo de la vagina por todos consabida, no; al contrario. Aquí tratamos de hacer caricias eróticas previas a la penetración para disfrutar del arte amatorio. Y somos realmente analfabetas en este sentido, más en el caso de las mujeres que —¡pobrecitas!— rara vez son acariciadas como merecen serlo. En general, tratamos de adivinar las zonas erógenas según libros o mapas predeterminados, pero no sirven, te lo juro. Hay mujeres que disfrutan de que les soples en la orejita, y otras que sienten un molesto mosco en el oído. Hay esposas que disfrutan de que le sobes el ombligo, y otras que sienten "ñáñaras" si te atreves a hacerlo. Lo mismo con sus pechos, con los pies, con el cuello, con sus pompas o su ano. No des nada por supuesto ni por aprendido según los manuales al alcance. La sensibilidad del cuerpo es algo tremendamente personal, impregnado de sensaciones infantiles y de recuerdos. Lo que a una mujer le fascina, a otra le derrota la libido. Cada persona es un mundo y habrá que averiguar con quién te estás acostando aunque lleves años haciéndolo y nunca te hayas molestado en aprenderlo. Ahora es cuándo y "nunca es tarde si la dicha es buena". En este juego tienes que disponer de etiquetas adhesivas muy chiquitas; sirven cualesquiera siempre que las recortes hasta el tamaño en que sólo quepa escrito un número de dos dígitos, pero ha de estar preparado. También tendrás que tener a la mano un marcador (prueba desde antes que efectivamente puedas escribir en las etiquetas). Ahora pídele a tu mujer que se acueste desnuda en la cama ¡con los ojos cerrados! Esto es importante para que sólo sienta en lugar de ver y actuar, que se deje ser. Tú irás acariciando sutilmente todos y cada uno de los rincones de su piel: la cara interna de los muslos, los párpados, los senos, los dedos de los pies, el hueco interno de la rodilla, el lóbulo de la oreja, sus pezones, la garganta, los tobillos, la espalda, el ano… menos los genitales; sin límites. El asunto es que ante cada caricia ella deberá responder en voz alta con una calificación de lo que siente, del uno al diez, según el placer que experimente al ser rozada: "uno" será muy poco, "dos" más, "tres" más aún, y "diez" el máximo cuando sienta que muere de gusto según la zona estimulada. Ante cada respuesta tú pegarás una etiqueta adhesiva en ese punto y lo rotularás con el número que ella te diga. Tres, cuatro, dos, ¡ocho! ¡dieeez! Al cabo de un rato, tendrás el mapa del tesoro, un mapa del cuerpo de tu amante absolutamente calibrado entre sus zonas más sensibles y otras inútiles en las que tal vez te empeñabas sin saberlo. Mientras la besas levemente puedes emplearte esta noche en las zonas suyas y no en las que tú te inventas. Gran regalo sin duda; consérvalo en la memoria para ocasiones sucesivas, incluso cópialo en un dibujo por si hace falta refrescar otro día lo aprendido en esta noche.

Beneficios psicológicos

Tal vez a través de este juego sea la primera vez que le preguntes realmente al cuerpo de tu mujer qué es lo que siente en cada zona en vez de llegar como sabio y dar todo por conocido. Gracias a ello podrás tener la humildad de averiguar en verdad las sensaciones de tu pareja, no de "la mujer" que todos te cuentan y nadie tiene, la que nadie completa, la que nadie alcanza. Ahora y de aquí en adelante tú sí, porque habrás investigado aunque sea a través de un juego lo que nunca te atreviste a preguntar. ¡Qué ganancia!

Sensaciones en la piel

Motivación

Por desgracia, la piel es el área más olvidada de nuestras caricias sexuales cuando la pareja se solidifica, se petrifica. Gran error, puesto que la piel es el órgano más extenso de nuestro erotismo, supone en realidad kilómetros de sensaciones que poco a poco vamos abandonando con la rutina y acabamos obsesionándonos en unos pocos centímetros genitales. Los modernos kínder enseñan a los bebés a disfrutar de su piel, del tacto, de las distintas sensaciones de frío, calor, suavidad, rugosidad, tersura, caricia, presión, rasguño, etc. Lo mismo podemos hacer en pareja como valiosa experiencia erótica. Hoy vamos a trabajar con esto y aunque lo representemos en masculino puede ser exactamente al revés; es más, te invito a hacerlo alternativamente el uno con el otro. No hace falta que le expliques a ella exactamente lo que pretendes, basta con que la convenzas de que se deje.

Mecánica del juego

Esta vez tendrás que preparar en tu maletín erótico una serie de elementos importantes, luego te digo para qué y qué hacer con ellos. Quiero que consigas (por ejemplo): una pluma de ave, un guante de baño rudo que raspe la piel, cubitos de hielo, goma de borrar, un plumero, un peine, pétalos de flores, toallitas calentadas en el horno de microondas, algodón, vaselina, arena, el lomo de un libro, un CD, un tenedor, una cuchara, un pedazo de cuero animal, plástico, piedras, agua, alcohol, cremas, etc. Se trata de inventar elementos que puedan procurar en la piel de tu amante distintas sensaciones táctiles que vayan de lo áspero a lo sutil, de lo frío a lo caliente, de lo redondo a lo anguloso. La tarea finalmente es tuya y la imaginación también. Para buscar estos elementos en tu casa pruébalos primero en tu piel con los ojos cerrados, porque posiblemente los tienes en gran cantidad y nunca te diste cuenta de ello. Ahora sitúa a tu mujer desnuda en la cama y con los ojos cerrados, es importante. Hoy la vas a acariciar, no con tus manos ni tu cuerpo sino con los elementos que hayas juntado previamente en tu maletín de amante (podrías incluir una vela, pero esto prefiero tratarlo como tema aparte. Véase "La vela"). Todas las zonas de su cuerpo son aptas para rozarlas con tus juguetes. Ella no sabe cuáles son, sólo tendrá que sentirlos y decirte sobre todo lo que percibe, ponerlo en palabras llenas de matices: frío, calor, miedo, rasposo, sutil, inquietante, suave, recio, punzante, pesado, húmedo, etc. Aprenderás a través de estas breves descripciones que hay un mundo de sensaciones que estábamos desperdiciando, una riqueza en la piel capaz de experimentar las más infinitas variables, ricas en la imaginación, útiles para jugar mañana con tu cuerpo, con tu lengua fría, con tu sexo caliente, con tus pestañas cosquilleantes, con todo… Tu pareja quedará eternamente agradecida por esta sesión experimental de placeres en la piel y sobre todo la recuperará para ambos.

Beneficios psicológicos

Recuperar las sensaciones táctiles de la piel es una ganancia erótica sin duda. Distinguir entre el frío y el calor, entre lo rugoso y lo sedoso, entre lo cosquilleante y lo lacerante, entre lo burdo y lo etéreo. Estos datos enriquecen el cerebro con las sensaciones de lo placentero en distintos grados que podemos catalogar, nos hacen más inteligentes eróticamente en lugar de ser analfabetas sexuales restringidos a un "metesaca" digno de los animales en época de celo.

La vela

Motivación

Este juego es una variante de las sensaciones que podemos tener en la piel con distintos elementos (véase "Sensaciones en la piel").

Lo tratamos aparte porque jugar con una vela contiene en sí mismo todos los elementos completos del juego erótico, sobre todo si lo haces como te indico. En este caso lo representamos como acción masculina, pero sin duda puedes hacerlo al revés y que ella sufra este supuesto tormento tan gustoso.

Mecánica del juego

Tu amante está desnuda en la cama, tendida —esta vez boca abajo ofreciendo nada más su espalda—, esperando, y por supuesto con los ojos cerrados. Tú tendrás una vela encendida (la mejor es la blanca clásica de candelero) que aproximas con suavidad a su cuerpo y la inclinas de manera que caiga el "esperma" de la cera sobre su piel. Este asunto es delicado porque no debe de quemar de manera que lastime, ni tampoco estar tan alejado que llegue frío. Por ello es mejor que hagas primero la prueba contigo mismo en el brazo antes de cometer errores. La cera de la vela, al caer sobre el cuerpo, procura sensaciones muy especiales. Es un líquido caliente que se torna sólido de inmediato, que se transforma en impresiones confusas al recibirlo. Pero lo interesante es que tu amante no sabe dónde caerá la próxima gota que derramas a tu antojo sobre su espalda, su nuca y sus piernas por detrás. La gran excitación proviene de que ella no puede adivinar dónde caerá la siguiente gota que impacta, caliente y fría a la vez, que teme y espera enardecida el próximo impacto, la sorpresa, lo inesperado.

Beneficios psicológicos
Se trata de una educación de la sensibilidad que le sirve a ella como elemento pasivo y a ti como activo capaz de procurar sensaciones, pero, sobre todo, sorpresas, elementos que suelen faltar en el sexo rutinario y "pantuflero".

El que goza pierde

Motivación
El sexo rutinario por desgracia olvida la meta de hacer feliz al otro; al contrario, se hace egoísta, poco creativo, simple y malvado en el fondo. Por más que insistas en que hay que pensar en tu consorte es inútil, cada vez se piensa más en uno mismo y la sexualidad de una pareja abu-

rrida acaba siendo como una masturbación de un cuerpo contra el otro. Por ello un juego interesante es dar la vuelta a la tortilla y retar a los acontecimientos. Este juego está escenificado en masculino, pero podría ser al revés. Tendrás que advertir a tu mujer de las reglas de esta fantasía.

Mecánica del juego

Se trata de una apuesta en la que tendrás que provocar a tu hembra haciéndola gozar al máximo, empleando todas tus artes. Y ella tratará de no llegar al orgasmo porque si lo alcanza pierde. Pero apuesta cualquier cosa, dinero, una tarea, una promesa, apuesta algo a que la haces gozar aunque ella no quiera. Sin duda este juego pondrá en marcha artes abandonadas desde tiempo atrás. Además el apostar es un reto ludópata en el que el orgullo activará la vida sexual como en una partida de ajedrez: jaque-mate si suspira ¿podrá contenerse?

Beneficios psicológicos

En general el machismo olvida el gozo femenino. Sin embargo apostar, el reto, es un afán masculino. Por ello esta vez se trata de todo lo contrario, de ser más hombre y ganador si la haces gozar, y de perder si se queda en el camino. Este juego en realidad es un truco de benéficos resultados para la pareja. Exigirá que tú como hombre te emplees al máximo y que ganes cuando ella sucumba al placer. Toma nota a partir de mañana para seguir con tu vida, no es efímero ni momentáneo ni casual, se trata de un aprendizaje que debe serlo para siempre.

La enfermita

Motivación
Este juego lo podemos hacer en masculino y/o femenino, de ti depende. Yo aquí te propongo el punto de vista de la mujer, pero puedes hacerlo al revés y funciona de igual manera. Cuando nos sentimos enfermos siempre estamos a merced del otro, dependemos de alguien que nos cuide y en estos casos, sin duda, es interesante tener una buena pareja. Sin embargo, desde el punto de vista de las fantasías la cosa es bien distinta. En general tu pareja rutinaria, aburrida con el tiempo, te dice cada vez con más frecuencia que no tiene ganas, que le duele la cabeza, que se

encuentra indispuesta, etc. Todo ello como pretexto para evitar un encuentro erótico al que ya "no le ve el chiste". Esta vez se trata de aprovechar la supuesta enfermedad como argumento afrodisíaco y no al contrario. Nada de dolores de cabeza, le vamos a dar la vuelta al pretexto para invertirlo a favor de la pareja. Habrá que estar de acuerdo entre ambos para llevarlo a cabo, es absolutamente necesario en este caso.

Mecánica del juego

Ella está enferma en un hospital, inconsciente, en cuidados intensivos, en coma. Debes preparar previamente la cama, las vendas, algo que parezca el suero, la mascarilla y los tubos. Ella parecerá estar muerta, pero sabes que su cerebro aún trabaja aunque no dé señal alguna. Resulta que su cuerpo está vivo y se puede reactivar en cualquier momento, pero nadie sabe cuándo. Se supone que mientras no ocurra algo extraordinario que la emocione tendrá una vida vegetal: no ve, no escucha ni siente nada. Tú, hombre, eres el enfermero (ponte una bata, por favor) que esta noche estás encargado de cuidarla. Intuyes de alguna manera que hay sensaciones que la pueden devolver a la vida: tal vez las palabras, la ternura, el amor, las caricias, las confesiones, la excitación, el erotismo... de ti depende despertarla esta noche. Es un reto sin duda. Si lo que haces es rutinario será inútil; si lo que inventas estimula sus instintos, ya ganaste, para siempre. Si te quieres inspirar aún más te recomiendo que veas la película de Almodóvar *Hable con ella*.

Beneficios psicológicos

Despertar a la mujer de un sueño profundo, devolverla a la vida, es todo un reto que está presente en tu existencia como pareja, algo obligado día con día y que tal vez no te habías planteado antes. En el noviazgo todo promete un futuro y en el matrimonio parece que se abre una tumba que acaba precisamente con ese futuro. Este juego tiene por misión ponerte al límite con tu pareja, demostrarle que vale la pena vivir porque tú estás ahí, porque la amas y lo puedes hacer bien: sea con tus palabras, con tus caricias, con tus maniobras, eso de ti depende. Pero el asunto es que tienes que despertarla del coma porque dejó de estar viva, se convirtió en un vegetal a tu lado, ¿lo harás por ella?

La noche de bodas

Motivación

Es un juego igual de apasionante para los miembros de la pareja. En todos nosotros hay una fantasía en torno a la primera noche; en la realidad esto suele dar al traste con todo sueño previo porque no nos estrenamos en momentos ni lugares mágicos sino, más bien, hemos dependido de una calentura inmediata "a salto de mata", cuando menos lo planeamos, además de mil y un idioteces hormonales: en el carro mientras se nos clava la palanca de cambios, con vaho en los vidrios y con la amenaza del policía de turno que nos pide cuentas; en la cama de los padres, con riesgo de que nos sorprendan; en un hotel de paso de mala manera y llenos de culpa; en un lote baldío a las afueras de una disco. No se vale. Se puede revivir la primera vez haciéndola de mejor manera.

Mecánica del juego

Esta noche vamos a inventar que es la primera, pero bien hecho, como tal vez no sucedió para ninguno de los dos. Por ello vamos a simular la

117

ceremonia del primer encuentro, vírgenes ambos —supongamos hoy—, con miedo, con pudor, sin experiencia. La pareja platicará primero al respecto y se confesará sus miedos. Ella: el dolor, las consecuencias, las ideas familiares, el embarazo posible... Él: dar placer, no dañarla, controlar el tiempo, el orgasmo... Aquí es importante lo que ambos hablen previamente, así se definirán las reglas del juego. Después, inocentemente, simularán ser los "quintos" que por primera vez se encuentran, llenos de pena, de vergüenza, de humildad, con ansia de descubrir algo que no conocen. Y de esta manera llegarán al encuentro de los cuerpos.

Beneficios psicológicos

El juego les va a permitir ser humildes y sinceros a los dos como tal vez nunca lo habían sido. Reparar los errores de lo que dieron por sentado de manera prepotente y estéril. Empezaremos desde cero en este juego equívoco donde todos parecemos adivinar lo que siente él y lo que siente ella. Renacer es la palabra que compensa esta experiencia sin duda redentora para los errores del pasado.

El harén

Motivación

En este juego, como en muchos de pareja, habrán de estar de acuerdo ambos para representarlo. Sabemos que hay muchas culturas en las que el hombre tiene derecho legítimo a ser polígamo, es decir a contraer nupcias con varias mujeres de manera legal. Así lo hacen tradicionalmente un gran número de culturas árabes. Ello no supone conflicto para las mujeres que se crían bajo esta perspectiva; al contrario, establece un vínculo entre ellas como amigas que crían conjuntamente a los hijos sabiendo que dependen del mismo varón. Entre nosotros, sin embargo, que juramos ser monógamos (de una sola pareja) esto se vive como atroz y doloroso para la esposa engañada. Curiosamente, queramos o no, pertenecemos a una cultura mentirosa que juega a la monogamia ejerciendo la poligamia porque los hombres tradicionales forman pareja con más de una, de ahí la clásica "casa grande" y "casa chica". Ello genera —sea real o no en cada caso— una serie de fantasías respecto a ser la otra. Para él y para ella. Como juego, puede ser aprovechado por la pareja que permanece fiel y unida.

Mecánica del juego

Hoy, mujer, vas a sentir que eres una de sus muchas mujeres del harén que fuiste llamada para pasar la noche con él. Habrás de emplear las mejores artes para que luego te extrañe, para que no te pueda sustituir por otra y seas tan valiosa en la cama que todo lo demás le parezca poco. Hablarás de las otras al oído, dirás que valen menos que tú, que ni siquiera saben darle placer, que son nulas e inexpertas, que no comprenden, que sólo tú sabes cómo hacerlo feliz. Simularás ser la esposa favorita sólo por esta noche y te jugarás el todo por el todo para que nunca más prefiera a otra. Tú sabes cómo, no me pidas detalles.

Beneficios psicológicos

La fantasía de tener a otras mujeres en la cama persiste en general en los hombres. En vez de retarlo tan sólo, esta vez se trata de digerirlo y salir triunfante de la fantasía en lugar de albergar el miedo. Sentir que eres una de sus mujeres es excitante, pero sentir que eres la mejor de ellas lo es aún más. Este juego excita a ambos y los acerca hasta unirlos de una manera que no niega el instinto sino que lo absorbe y lo elabora de manera conjunta.

La mujer de varios

Motivación

Este juego es de manejo femenino. Hay muchas culturas, la mayoría, que establecen o justifican el hecho de que el hombre tenga varias mujeres. En cambio hay muy pocas —o prácticamente ninguna— que atienden al deseo femenino de cultivar sexualmente varios hombres. En verdad, tradicionalmente resultaría imposible para la mujer, preparar la sopa en más de una casa, lavar los calzones en más de un hogar, embarazarse por vía múltiple, y un largo etcétera. Tal vez por todo ello la mujer no tuvo "casa chica", no le convenía para nada. Sin embargo, esto no impide que la mujer albergue fantasías al respecto y también sueñe con tener más de un hombre al mismo tiempo. Al igual que ellos, por más que ame, la mujer puede soñar con otra boca, otros brazos, otro pene. Nada de malo tiene el pensarlo, al igual que el varón. Pero además se puede llevar a cabo como fantasía en pareja para seguir soñando y sin poner los cuernos.

Mecánica del juego

Hoy vas a jugar a que tu pareja, tu hombre, es un amante oculto mientras que estás casada con otro al que engañas. Mientras haces el amor hay prisa por regresar a la casa para que nadie se dé cuenta. Lo amas a él, pero simulas tener un compromiso por encima de este encuentro que no puedes olvidar y que has de regresar a tu "casa grande" ocultando este episodio. Así se lo dices a él, así se lo cuentas y lo conviertes en amante en vez de marido. Te prometo grandes resultados con esta fantasía.

Beneficios psicológicos

Lo prohibido tiene una excitación particular en el sexo. Por ello parte de lo que mata la rutina en la pareja es lo permitido, la licencia conseguida de una u otra manera. Jugar a ser el amante reanima las fuerzas. Jugar a engañar

al marido imaginario es tremendamente morboso. Sólo hay un peligro aquí: que él no sepa
jugar y tenga celos de sí mismo. Es un riesgo,
pero es tremendamente erótico, ¿o no?

El stripper

Motivación
Este juego puede ser realizado por él o por ella.
Pero siendo sensatos es más fascinante si lo eje-
cuta él, por menos acostumbrado, por menos
obvio. Hay quienes dicen que al hombre le gusta
mirar siempre y con ello ignoran que la mujer
también goza de la vista, lo que pasa es que rara
vez se le ofrece la oportunidad. Esta noche sí.

Mecánica del juego
El asunto es desnudarte lenta y provocativa-
mente ante tu pareja. Que te vea, que lo sienta,
que se excite con cada prenda que cae. Pero
ya quedamos de acuerdo en que será él quien
lo haga ante ella. Por tanto tendrá que echar
cuento, enjundia e imaginación para hacerlo interesante, cosa bastante ausente en lo masculino
por lo general. ¡Ni modo! Habrá que inventar

para resultar motivador, prenda tras prenda, pieza tras pieza, de manera que el desnudo total y final se convierta en un premio ansiado por la vista. Advierte a tu mujer que se ponga cómoda, que observe y disfrute del espectáculo, tú eres el actor esta noche y el hecho de que te desnudes es un regalo para sus ojos. Hazlo lenta y pausadamente, con la mayor provocación posible.

Beneficios psicológicos

La mujer rara vez disfruta del espectáculo erótico. Parece que siempre tiene que protagonizarlo provocando a otro; parece que jamás puede gozar de la provocación ajena, de la vista, de la puesta en escena ante sus ojos. En esta ocasión ella va a ser una observadora, un *voyeur* (mirón) que disfrutará del caer de la ropa que va descubriendo tu cuerpo que hasta la víspera parecía harto conocido. Ahora no, ahora es nuevo según aumenta la desnudez. Este juego redescubre la fascinación por el cuerpo del hombre, tan olvidada, tan reprimida. Es un premio en suma para quedar anotado de aquí en adelante. Las parejas cotidianas a veces ya no se miran y aquí sólo se trata de ver al otro, esté como esté, verlo y desearlo. Sin duda es una ganancia que no sólo muere aquí sino que aporta un índice elevado de seducción para el resto de los días venideros.

Depilarse mutuamente

Motivación

Los pelos son un tema tremendo en el erotismo. Hay culturas, como la latina, para las que es importante que la mujer esté absolutamente depilada en piernas, axilas, ingles y bigote. Para otras sociedades incluso el pubis femenino ha de estar rasurado. Paralelamente hay grupos étnicos y culturales para quienes el pelo corporal femenino es un elemento erótico, como para los franceses la axila o para los alemanes las piernas. En los hombres ocurre lo mismo. Para las damas orientales, acostumbradas a los lampiños corporales, un hombre velludo (de pelo en pecho) es lo máximo en su excitación. De modo que tenerlo o no tenerlo siempre constituye un buen punto de partida para añadir elementos eróticos. Cuando se tiene y hay que quitarlo, pueden ocurrir otras cosas entre la pareja, como éstas que te cuento.

Mecánica del juego

Se trata de depilarse mutuamente el uno al otro, en las zonas que tú quieras; por supuesto que las áreas genitales pueden ser las más interesantes en este juego. Que el hombre embadurne la vulva de la mujer con espuma jabonosa y luego pase con cuidado el rastrillo es de las escenas más hermosas que pueden ocurrir entre dos amantes. Lo mismo ella con el pubis masculino; como ganancia el pene parecerá más grande ante la vista. Pero también puede hacerse con las piernas y las axilas. Por supuesto para luego degustarlas y calmar la irritación con la lengua del amante; no hay mejor bálsamo para esos ardores.

Beneficios psicológicos

La seducción suele ser una simulación para encantar al otro, a la otra. Cuando se comparte algo tan íntimo como el vello corporal que existe y que eliminas de manera mancomunada, se establece un vínculo de complicidad y erotismo inigualable. Se renuncia a las apariencias, se comparten las simulaciones secretas y de pronto yo soy otro para ti porque fabricamos el fetiche juntos, sabiendo sólo tú y yo que somos nosotros mismos. ¡En verdad extraordinario!

Cambiar de cuarto

Motivación

La recámara de las parejas que viven juntas rara vez es un templo de amor. En realidad resulta patética. Puede parecer el cuarto de la abuela, el de sus padres o una foto de mueblería que pretende el matrimonio ideal. Xaviera Hollander, la gran experta en sexo, más que probado en su famoso burdel del París de los años cuarenta, me contó una vez que el aspecto de la cama de un hombre es inversamente proporcional a la calidad del amante, es decir que una cama con grandes columnatas asegura una noche echada a perder. En cambio un colchón tirado en el piso es augurio de las mejores artes eróticas. Quién sabe si sea verdad esta máxima. Pero lo cierto es que las parejas de amantes deterioran su erotismo cuando diseñan el dormitorio, eso sin duda alguna. Por ello hoy vamos a cambiar de estancia, para que ocurran otras cosas.

Mecánica del juego

Se trata de hacer el amor en otro cuarto que no sea tu dormitorio. Me da igual si es en la alacena, el baño, el clóset, la sala o el cuarto de los niños (sin que estén presentes, por supuesto). Vamos a habitar la casa como cuando éramos novios, como si no fuera nuestra. Buscaremos el lugar prohibido, inusitado, improvisado por la pasión, en la postura que sea según las circunstancias del habitáculo, es lo de menos, pero no en la recámara. Si quieres inspirarte aún más te recomiendo que veas la película *El cartero siempre llama dos veces*, de un erotismo inigualable cuando la pareja hace el amor sobre los panes amasados en la mesa de la cocina (se dice por ahí que en esta película la fuerza erótica fue tal que los actores lo hicieron de verdad en lugar de actuarlo).

Beneficios psicológicos

La seducción de los tiempos de novios, de amantes, buscaba lugares a escondidas, improvisados, tal vez los menos prácticos, pero llenos de pasión. Por desgracia, cuando se habita una casa se concede licencia general para el sexo y eso a veces acaba con el propio deseo. Uno debería habitar eróticamente el hogar en todos sus rincones, en los inapropiados precisamente. Este hecho recupera en la pareja la sensación de complicidad robando al espacio lo que su lugar habitual no sólo permitió sino que aniquiló. Es altamente interesante hacerlo y en verdad exige pocos gastos, nada finalmente, pero sí un poco de cuidado para no ser descubiertos.

"Levantarte" en la calle

Motivación
Para un matrimonio muy cómplice puede resultar tremendamente excitante la idea de "levantar" en la calle al marido por parte de su propia esposa, dando vueltas con el carro mientras él se ofrece en la banqueta. Es lúdico, lúbrico, fascinante, pero ofrece algunas dificultades si la cosa no está bien organizada.

Mecánica del juego
Debe estar perfectamente sincronizado el momento y sobre todo la elección de una zona que no sea habitual de sexoservicio. Los profesionales de verdad no entienden de estos juegos

y puede pasar de todo si no se controla el área: que a él lo expulsen los habituales, que lo interpele un "padrote" pensando que está por libre, que intenten llevárselo otros carros que se adelantan, que ella se quede atorada en una fila esperando turno y tenga que negociar con una "madrota" espontánea, etcétera. Pero si son cuidadosos y listos, el juego es maravilloso, de ti para él, de él para ti simulando no ser, siendo lo que hubieran sido en caso de engañarse, sin mentir, jugando con las fantasías de ambos. Ella pasa en el carro, él se ofrece en la banqueta y, tras unas pocas frases que sellan un acuerdo, se lo lleva a casa como si de un profesional desconocido se tratara. Por cierto, hay que negociar y cobrar por adelantado como si fuera real, no se vale rendirse antes ni después de empezar.

Beneficios psicológicos

El sexo pagado, el sexo por el sexo, es siempre una fantasía común sobre todo en el mundo masculino. Hacerlo esta vez en el femenino es penetrar en otras áreas no pensadas, para él como objeto sexual y para ti como clienta que consume el cuerpo del hombre. Cambiar los roles de esta manera sirve sin duda para que ambos aprendan a desechar los prejuicios y, sobre todo, para ponerse en el lugar del otro. La excitación aquí es mutua. ¿Para quién más? no lo sabemos, pero espero que me lo cuentes algún día.

Decir lo que nunca decimos

Hacerte reír

Motivación
Este juego está relatado en masculino, pero sirve igual si lo inviertes y es la mujer la que juega a lo mismo, que quede claro. Todos hemos pasado de niños por la fase en que los padres nos hacían reír simulando ser payasos, estallábamos en carcajadas infantiles con las torpezas de los adultos, así, de plano. Hemos reído porque alguien se cae, por un pastelazo en la cara o por repetir una y otra vez cualquier intento tontorrón de una pirueta protagonizada por un familiar que nos rodea. Simplemente recuerda y juega esta noche con este valor del pasado.

Mecánica del juego
Hoy tendrás que hacer reír a tu pareja como niña, haciendo el ridículo en cada intento. Es decir, tratarás de ser un galán maravilloso pero

133

de pronto tu calzón estará roto, tropezarás al intentar besarla, tendrás un ataque de hipo, te caerás de la cama... Se trata de que hoy seas un gran actor, que interpretes la torpeza de un conquistador nefasto para lograr su complicidad y su risa. Inventa, no te quedes corto en la payasada porque vale la pena.

Beneficios psicológicos
De la misma manera que todos imaginamos un héroe que nunca falla, también tenemos en nuestro recuerdo la risa de papá cuando se cae caminando, de mamá cuando se equivoca, del ridículo habitual de los adultos. Este juego recupera la fuerza del niño que todos llevamos dentro y busca la risa como complicidad del adulto débil, del que quiere someter a las apariencias y resulta torpe buscando el abrigo de un beso y una caricia, alguien que te diga: "no te preocupes, amor mío, no pasa nada", tal y como te dijeron un día que casi ya no recuerdas. ¡Es delicioso, lo prometo!

Las palabras obscenas

Motivación
Este juego sirve para ella y para él, de igual manera, aunque lo describamos en femenino. Las palabras son sin duda un condimento erótico importantísimo, sobre todo para las mujeres que al oído pueden lubricarse o resecarse según lo que les sea susurrado. Pero resulta que las palabras íntimas son el reverso de la vida cotidiana. Es decir que no excita lo no dicho, lo no pronunciado, lo no tolerado. Esas palabras ocultas se convierten en íntimas, en auténticos incentivos de la sexualidad. De esta manera una niña "de familia" podrá gozar de groserías y obscenidades jamás pronunciadas; lo mismo que una mujer vulgar soñará con delicadezas que la elevarán hasta el infinito. Así somos de extraños y complicados los humanos eróticamente, en reversa de lo vivido.

Mecánica del juego
Se trata de decir al oído de tu amante palabras que no caben en el lenguaje cotidiano, que resultarían obscenas, inapropiadas, inconvenientes, grose-

ras incluso: "perra", "cerda", "puta", "marrano", "miserable", "asquerosa", "animal", "puerco", etc. Ahora sí se vale porque el momento es íntimo y nada tiene que ver con el lenguaje social ni coloquial. Ahora puedes decir obscenidades, las más atroces, las jamás pronunciadas, las más cochinas. Por supuesto, todo quedará entre ambos como un secreto y jamás será repetido fuera de esta escena.

Beneficios psicológicos

Las palabras silenciadas conllevan pensamientos callados, ocultos y reprimidos. El pensamiento es lenguaje y el lenguaje es pensamiento. Pero no siempre podemos expresar las groserías y atrocidades que nuestro animalillo escondido quiere pronunciar. No se debe, no se puede. El instinto suele quedar entonces amordazado sin poder expresarse. Por ello el encuentro erótico es un lugar ideal para dar rienda suelta a estas palabras no pronunciadas, sin miedo, sin peligro. Es gozoso y liberador, casi infantil como cuando buscábamos de niños en el diccionario el típico "caca-culo-pedo". Ello debe quedar en el secreto de la intimidad sin mayor repercusión en la vida cotidiana. Es liberador, redentor y hace más cómplice a la pareja.

El nombre de otro

Motivación

Ser otro en la cama puede ser lo más terrible del mundo o la más fascinante de las fantasías, todo depende. En el noviazgo reciente resultaría intolerable que te confundan el nombre. De hecho las grandes promiscuas y los tremendos donjuanes acostumbran a decir siempre "mi amor" en lugar de nombrar identidad alguna para no caer en el error y dar al traste con la escena. Sin embargo, en la rutina del matrimonio las cosas cambian. Siempre tú eres tú, siempre él es él, siempre los dos y nadie más. La fantasía puede alimentar muchas escenas con otros sin el delito del cuerno. Por ello cambiarse el nombre es una oportunidad para navegar en ese supuesto oasis de la variedad en la cama. Este juego aquí lo hemos representado en femenino; no sólo puede ser al revés sino que además resultaría interesante hacerlo en pareja simultáneamente, es decir cambiándose ambos los nombres.

Mecánica del juego

Hoy le cambiarás el nombre a tu hombre. Esta noche lo llamarás a él en las caricias y en las escenas más íntimas con otra identidad, nunca con la suya. ¡Ojo! Aquí no es recomendable que acudas a nombres de otros novios que tuviste o a recuerdos que hagan que se ponga celoso; es mejor buscar símbolos no relacionados con la vida personal pero que sin duda admires y te produzcan placer: nombres famosos, históricos, de héroes, etcétera.

Beneficios psicológicos

La fantasía de estar con otro en la cama aquí no se convierte en prohibición sino que se lleva a cabo para darte placer, para que te lo dé tu pareja siendo cómplice. Llamarlo de otra manera te deja excitarte con la novedad y el personaje soñado, pero también le permite a él ser otro, seguro que no le faltan ganas.

La línea caliente

Motivación
Cada día son más frecuentes las ofertas de sexo telefónico en cada revista o periódico que abras. Desde luego no contagia y no embaraza, aunque en verdad sí cuesta una lana, más de la que crees al ver el anuncio. Tener sexo de esta manera puede ser una nueva oferta simbólica y virtual en este tiempo.

Mecánica del juego
Se trata de marcar el número de teléfono de una de las llamadas *hot line* o "líneas calientes" que se anuncian en muchas publicaciones periódicas. Tampoco se trata de hacerlo al azar porque puedes encontrar del otro lado del hilo a la más mensa telefonista que en vez de excitarte te deprime con sus argumentos baratos y estereotipados. Pero fíjate que las hay especializadas si buscas con ahínco. Existen líneas para tímidos que gustan ser comprendidos, para masoquistas que gozan al ser insultados, para sádicos que

quieren someter a través del teléfono, atendidos por supuestas jovencitas colegialas, maduras expertas, gays en todas sus variables, lesbianas, dominadoras, sumisas; hay incluso para ancianos que encuentran consuelo a través de este medio. Aquí puedes desfogarte verbalmente, decir lo que quieras, como quieras y al ritmo que quieras. Nada más ten en cuenta que si la llamada es a un número internacional la larga distancia te puede salir muy cara. Si eres eyaculador precoz no hay problema, pero si vienes tardando te puede costar una fortuna. Ojo, que este servicio no es exclusivamente masculino, puede ser también para complacer a las féminas con sus fantasías, incluso para parejas que quieren estimularse a través del hilo telefónico mientras hacen el amor (más frecuente de lo que creemos).

Beneficios psicológicos

Las fantasías sexuales encuentran en el teléfono un instrumento idóneo. No siempre nos atrevemos —ni nos conviene— a desatar el ímpetu sexual que llevamos dentro con una persona cara a cara; en verdad tiene muchos inconvenientes al día siguiente. Sin embargo, pactar un servicio telefónico dedicado a excitarte puede resultar un buen juego para la pareja en una noche determinada, de manera excepcional por supuesto. Así, marcar a una mujer, a un hombre, a un grupo, a lo que tú quieras mientras haces el amor, supone que te echen porras y pongan un poquito de sal como aliciente imaginario, como si se estuvieran exhibiendo sin ser vistos en realidad, como si estuvieran compartiendo sin arriesgar nada. Las *hot lines* tienen sus ventajas si son bien usadas en pareja.

Tu nombre

Motivación

El nombre propio que llevamos es algo que nos precede, a todos. Antes de nacer alguien dijo cómo nos íbamos a llamar, como un destino presupuesto sin contar con nosotros. Podríamos rebelarnos, pero finalmente cuando te llaman por tu nombre de pila volteas la cabeza, sientes que hablan de ti. Por desgracia en la escena amorosa tu nombre se omite generalmente. Se sustituye por palabras como: amor, mi vida, cariño mío, tesoro, etc.

Palabras que podrían corresponder a cualquiera, pero no a ti, a tu nombre. Este juego lo vamos a hacer hoy aquí para el hombre, pero podría hacerse al revés y decir al oído el nombre de ella.

Mecánica del juego

Esta noche haremos algo aparentemente muy sencillo pero que normalmente no hacemos: susurrar al oído de tu pareja su nombre, su nombre de pila, su nombre familiar por el que se reconoce. Acariciarse repitiendo una y otra vez el nombre de la persona amada, para que tenga verdadera identidad el erotismo.

Beneficios psicológicos

El nombre nos nombra, nos identifica, nos hace sentir aludidos. La vocación del amor, en lo último, es ser el protagonista de lo que la pareja susurra, de lo que admira, lo que adora, lo que necesita. Pero es preciso que seas tú y no una idea peregrina en general. De nada te sirve que alguien hable del amor: te sirve que alguien te ame. Por ello cuando pronuncian tu nombre te conviertes en depositario único de ese viejo anhelo ancestral: te ama a ti, te adora a ti y a nadie más. El nombre te domina y te da existencia.

El lenguaje secreto

Motivación

Los amantes tienen algo de niños. Pronuncian palabras tontas, infantiles incluso para referirse el uno al otro durante el enamoramiento. Se ven obligados a inventar una especie de jerga amorosa para demostrar sus sentimientos que, son tan fuertes, que acaban con el lenguaje común. En la rutina de los días esto se pierde y todos se vuelven solemnes y aburridos llamando a las cosas por su nombre. Ahora vamos a jugar a decir idioteces, para gozar como antes.

Mecánica del juego

Hoy vamos a recuperar el lenguaje secreto, ése de cuando éramos amantes, o inventar otro de cualquier modo, cuanto más infantil y absurdo mejor. Hoy la mujer nombrará al pene de una manera simple, idiota, cariñosa, tal vez como lo hacía antes y no recuerda, quizá con nuevas palabras que se perdieron en su rumbo rutinario y cotidiano. Él también nombrará a la vagina con nuevos vocablos sutiles, románticos, tal vez tontos e infantiles, pero pertenecientes a un lenguaje secreto. De la misma manera renombrarán el "hacer el amor" —frase tremenda y demasiado seria— como única resolución frente a cosas más solemnes como "fornicar", "cohabitar" o peor aún: "hacer uso del matrimonio". No, hoy inventarán palabras para seducirse, pueriles tal vez, pero íntimas y por lo tanto de gran significado entre los dos.

Beneficios psicológicos

Elaboramos en este juego lenguajes secretos que sólo los amantes tienen. Ridículo en lo social, pero pactado entre ellos como una tribu a la que sólo ambos pertenecen y el resto del mundo queda afuera. Como cuando éramos niños, como la complicidad de la pandilla. Ahora vuelves a florecer y te reencarnas. Si estas palabras son cómicas y los hacen reír mutuamente, mejor aún. El sexo rutinario pide a gritos la risa, la carcajada.